LANDSCAPE WALES
TIRLUN CYMRU

GRAFFEG

Published by Graffeg
First published Autumn 2003

ISBN 0-9544334-1-6

Cyhoeddwyd gan Graffeg
Cyhoeddwyd gyntaf Hydref 2003

ISBN 0-9544334-1-6

Graffeg, Radnor Court,
256 Cowbridge Road East,
Cardiff CF5 1GZ Wales UK.
www.graffeg.com
are hereby identified as the authors of this work in accordance with section 77 of the Copyrights, Designs and Patents Act 1988.

A thrwy hyn enwir
Graffeg, Radnor Court,
256 Heol y Bont-faen,
Caerdydd CF5 1GZ Cymru.
www.graffeg.com
yn awduron y llyfr hwn yn unol ag adran 77 o'r Ddeddf Hawlfreintiau, Dyluniadau a Phatentau 1988.

A CIP Catalogue record for this book is available from the British Library.

Mae cofnod Catalog CIP ar gyfer y llyfr hwn ar gael yn y Llyfrgell Brydeinig.

Designed and produced by
Peter Gill & Associates
www.petergill.com

Dyluniwyd a chynhyrchwyd gan
Peter Gill & Associates
www.petergill.com

LANDSCAPE WALES

TIRLUN CYMRU

Llangorse Lake
Brecon Beacons
Photographer, Jeremy Moore.

Llyn Syfaddan
Bannau Brycheiniog
Ffotograffydd, Jeremy Moore.

Powerful images have been captured by photographers at The Photolibrary Wales taking you to many inspiring locations around Wales – from climbing the spectacular mountains of Snowdonia and surfing on the dramatic Pembrokeshire coast to the gentler attractions of the lowlands and idyllic river valleys.

Edited by Steve Benbow and Peter Gill,
foreword by Bryn Terfel
written by David Williams

Published by Graffeg.

Mae delweddau trawiadol wedi'u dal gan ffotograffwyr Photolibrary Wales fydd yn eich tywys i lawer lleoliad ar draws Cymru ac yn eich ysbrydoli – dringo mynyddoedd mawreddog Eryri a syrffio ar arfordir dramatig Sir Benfro ac yna atyniadau tynerach yr iseldiroedd a dyffrynnoedd rhamantus yr afonydd.

Golygwyd gan Steve Benbow a Peter Gill,
rhagair gan Bryn Terfel
ysgrifennwyd gan David Williams

Cyhoeddwyd gan Graffeg.

Foreword

Bryn Terfel CBE

I count myself fortunate to live among the wonderful people and scenery of Wales – in one of the most exquisitely varied and deeply fascinating landscapes in the world. From Anglesey to the Severn estuary, from Pembrokeshire to the Clwydian Hills, this really is one of the most agreeable places imaginable in which to live, work and enjoy the great outdoors.

Wales is an ancient land, both in geological features and in its long history of human endeavour. Over the centuries, the communities that made their lives here founded the rich cultural traditions – in music, poetry, literature and art – that mean so much to me.

The Faenol estate near Bangor, site of my annual music festival, was built on fortunes made from slate quarrying. Now used for cultural and business events, it is fitting that it also enjoys a new lease of life as a centre teaching stonemasonry and other skills used in conserving historic buildings.

The international performers who accept my invitation to sing at the Faenol Festival are always delighted by the wonders they see, and by the welcome they receive, here in Wales.

I invite you to visit my wondrous homeland and – hopefully inspired by the remarkable pictures in this book – to seek out your own favourite places to visit again and again, or to look back upon in your mind's eye from far away.

Rhagair

Rwy'n ystyried fy mod yn ffodus i gael byw ymhlith pobl a golygfeydd ardderchog Cymru – un o'r tirluniau mwyaf hyfryd o amrywiol a chyfareddol yn y byd. O Fôn i aber yr Hafren, o Sir Benfro i fryniau Clwyd, dyma'n wir un o'r lleoedd mwyaf dymunol i fyw, gweithio ac i fwynhau bod yn yr awyr agored.

Mae Cymru yn hen, hen wlad o ran ei nodweddion daearegol a'i hanes hir o ymdrech dyn. Ar hyd y canrifoedd, sefydlodd y cymunedau a fu'n byw eu bywydau yma draddodiadau diwylliannol cyfoethog – mewn cerddoriaeth, barddoniaeth, llenyddiaeth a chelf – y pethau sy'n golygu cymaint i mi.

Adeiladwyd ystad y Faenol ger Bangor, lleoliad fy ngŵyl gerdd flynyddol i, ar gyfoeth a wnaed yn y chwareli llechi. Fe'i defnyddir bellach ar gyfer digwyddiadau masnachol a diwylliannol ac mae'n briodol ei bod yn cael mwynhau bywyd newydd yn dysgu crefft y saer maen a sgiliau eraill a ddefnyddir wrth geisio cynnal adeiladau.

Bydd y rhyfeddodau a welant a'r croeso a dderbyniant yma yng Nghymru yn llonni calonnau y perfformwyr rhyngwladol fydd yn derbyn fy ngwahoddiad i ganu yng Ngŵyl y Faenol.

Rwy'n eich gwahodd i ymweld â'm mamwlad ryfeddol i – gan obeithio y gwnewch hynny wedi i chi gael eich ysbrydoli gan y lluniau rhyfeddol yn y llyfr hwn – i chwilio am eich hoff leoedd a chael ymweld â nhw drosodd a thro, neu drwy ddefnyddio llygad y cof i gael bwrw trem yn ôl arnynt o rywle ymhell i ffwrdd.

Bryn Terfel's Faenol Festival, held each August, is the place to hear stars of opera, musical theatre and Welsh music perform against the incomparable backdrop of Snowdonia. Photographer, David Williams.

Gŵyl Bryn Terfel yn y Faenol, a gynhelir bob mis Awst, yw'r lle i glywed sêr o fyd yr opera, y theatr gerdd a cherddoriaeth Gymreig yn perfformio a mynydd yr Wyddfa yn gefndir digymar i'r gweithgarwch. Ffotograffydd, David Williams.

Photographs left to right
South Stack
Borth y Gest
Swallow Falls
Lliwedd from Crib Goch
Meirionnydd
Cwm Croesor

Lluniau o'r chwith i'r dde
Ynys Lawd
Borth y Gest
Y Rhaeadr Ewynnol
Lliwedd o Grib Goch
Meirionnydd
Cwm Croesor

Introduction

Visitors to Wales have long appreciated the wealth of attractive and accessible landscape to be found within the compact dimensions of this fascinating part of the United Kingdom. Imposing mountains, sheltered valleys, a dramatic coastline, glittering lakes, chuckling streams, silent forests and tidy fields give shape and character – in endlessly pleasing variety – to this enormously appealing country.

The ever-changing seasons enrich the mix, each adding its own character to the scene. The freshness of woodland in spring, the haze-softened lushness of summer meadows and the 'mists and mellow fruitfulness' of autumn contrast with the clarity of distant mountains on a frosty morning, or the mesmerising power of a winter storm pounding a rocky coast.

In this book, we highlight the splendours of this remarkable land. Our national parks – Snowdonia, the Brecon Beacons and the Pembrokeshire Coast – contain features and environments of international importance. Elsewhere, the landscape includes farmland, undisturbed natural habitat and places where people enjoy a wide range of leisure activities, from the most relaxing to the daringly energetic.

The land, as we see it today, represents a two-way process. Firstly, its relative remoteness has, over many centuries, shaped the individuality of the people who live and work here, and enabled their vibrant culture to survive. Secondly, the hand of mankind has tamed much of the terrain through farming, forestry, quarrying, mining and other occupations on and beneath its surface.

Farming remains the most visible industry – around 80% of Wales owes its appearance to agriculture. Our farmers excel at delivering produce of the highest quality, which is now winning a world-wide profile, while recognising the importance of maintaining a balance with nature.

Rural Wales is home to a diverse and advanced economy, while industrial communities enjoy a dramatic natural backdrop.

Tourism, one of Wales's major industries, celebrates the outstanding attractiveness of the landscape and encourages active enjoyment of the great outdoors. Our terrain provides the perfect challenge for the world's leading rally drivers.

Whether you seek adventurous pursuits or more gentle pleasures, Wales has many excellent places to stay and provides tremendous opportunities to participate in open-air activities and interests.

The quiet joys of a country walk, birdwatching or pony trekking – or the thrills of surfing, sailing or mountaineering – all give a very real sensation of being close to nature, while extending your knowledge and skills into new realms.

From spectacular, panoramic views to secret corners of immense charm, and from pristine nature reserves to the bustling countryside of farms, villages and towns, this small, but perfectly formed, corner of our planet impresses and delights in ways that raise the spirits.

If you enjoy spending time in landscapes that please the eye and refresh the soul – in captivating surroundings of spaciousness and tranquillity – then you need look no further than Wales.

David Williams

Contents

Photographs left to right
Conwy Valley
Caerphilly Castle
Marloes Sands
National Botanic Garden of Wales
Mawddach Estuary
Second Severn Crossing

Lluniau o'r chwith i'r dde
Dyffryn Conwy
Castell Caerffili
Traeth Marloes
Gardd Fotaneg Genedlaethol Cymru
Aber y Mawddach
Ail Groesfan yr Hafren

Rhagymadrodd

Mae ymwelwyr â Chymru wedi hir werthfawrogi cyfoeth y tirlun deniadol a hawdd mynd ato a geir o fewn ffiniau cryno'r rhan fythol ddiddorol hon o'r Deyrnas Unedig. Mae mynyddoedd urddasol, dyffrynnoedd cysgodol, morlin dramatig, llynnoedd disglair, nentydd chwareus, fforestydd distaw a chaeau cymen yn rhoi ffurf a chymeriad – mewn amrywiaeth dymunol, diddiwedd – i'r wlad hynod apelgar hon.

Mae'r tymhorau sy'n cyson newid yn cyfoethogi'r cyfan a phob un yn ychwanegu ei gymeriad ei hun at yr olygfa. Irder coed y gwanwyn, gwyrddlesni dolydd yr 'haf hir felyn tesog' ac aeddfedrwydd ffrwythlon yr hydref yn cyferbynnu â chlirder mynyddoedd pell ar fore o rew, neu rym syfrdanol storm aeaf yn hyrddio yn erbyn creigiau glan y môr.

Yn y llyfr hwn, rydym yn amlygu gogoniant y wlad ryfeddol hon. Yn ein parciau cenedlaethol – Eryri, Bannau Brycheiniog ac arfordir Sir Benfro – ceir nodweddion ac amgylcheddau sydd o bwys rhyngwladol. Mewn mannau eraill, ceir yn y tirlun diroedd amaeth, cynefinoedd naturiol na fu unrhyw amharu arnynt a mannau lle y bydd pobl yn gallu mwynhau rhychwant eang o weithgareddau hamdden, o'r rhai hynny fydd yn ymlacio'r corff yn llwyr hyd at yr egnïol feiddgar.

Mae'r wlad hon, fel y'i gwelir gennym heddiw, yn cynrychioli proses ddwyffordd. Yn gyntaf, bu ei lleoliad digon anghysbell, a hynny dros ganrifoedd lawer, yn fodd i ffurfio hunaniaeth y bobl sy'n byw ac yn gweithio yma, a galluogodd i'w diwylliant byw, teimladwy oroesi. Yn ail, mae llaw dyn wedi ffrwyno llawer ar y tirlun drwy ffermio, coedwigaeth, chwarelu, mwyngloddio a thrwy waith arall ar wyneb y tir ac oddi tano.

Ffermio yw'r diwydiant mwyaf amlwg yng Nghymru hyd heddiw – mae tua 80 y cant o Gymru yn ymddangos fel y mae o ganlyniad i ffermio. Mae ein ffermwyr yn rhagori yn y gwaith o ddarparu cynnyrch o'r ansawdd

uchaf – sydd yn ennill cydnabyddiaeth fyd-eang – gan gydnabod bwysiced ar yr un pryd yw cadw'r cydbwysedd â natur. Mae cefn gwlad Cymru'n gartref i economi amrywiol a datblygedig, tra bod cymunedau diwydiannol yn mwynhau cefndir naturiol trawiadol.

Mae twristiaeth, un o ddiwydiannau mwyaf Cymru, yn gwneud yn fawr o natur atyniadol eithriadol y tirlun ac yn hybu mwynhad egnïol o'r awyr agored. Mae ein tir yn darparu'r her berffaith ar gyfer gyrwyr rali mwyaf blaenllaw'r byd.

P'un ai eich bod yn chwilio am weithgareddau anturus neu bleserau mwy tawel, yng Nghymru mae llawer o leoedd ardderchog i aros a chynigir cyfleoedd arbennig iawn i chi gael cymryd rhan mewn gweithgareddau a diddordebau yn yr awyr agored.

Y boddhad tawel a ddaw o fynd am dro yn y wlad, o wylio adar neu ferlota – neu'r wefr o syrffio, hwylio neu fynydda – bydd pob un ohonynt yn rhoi'r ymdeimlad o fod yn agos at natur ac yn ymestyn eich gwybodaeth a'ch sgiliau i gyfeiriadau newydd.

O olygfeydd panoramig trawiadol i lecynnau cudd, hynod eu swyn, ac o warchodfeydd natur, lle mae popeth yn raenus ac yn ei le, i brysurdeb bywyd y wlad, yn ffermydd, yn bentrefi ac yn drefi, mae'r gornel hon o'n planed, sy'n fechan ond yn berffaith o ran ei ffurf, yn creu argraff mewn modd sy'n llonni'r galon.

Os ydych yn mwynhau treulio amser ymhlith golygfeydd sy'n boddhau'r llygad ac yn adnewyddu'r ysbryd – mewn man lle mae ehangder a thawelwch cyfareddol – yna nid oes rhaid i chi chwilio ymhellach na Chymru.

David Williams

Cynnwys

Anglesey Môn

Separated from the rest of Wales by the Menai Strait and the mountains of Snowdonia, Anglesey enjoys a sensation of being removed from the cares of the world. Ancient historic sites, idyllic beaches and a patchwork of gently undulating farmland give the island an enchanting atmosphere all its own.

Wedi'i gwahanu oddi wrth weddill Cymru gan afon Menai a mynyddoedd Eryri, mae Môn yn cyfleu teimlad o fod ymhell oddi wrth ofalon y byd. Mae safleoedd sy'n perthyn i hen hanes, traethau rhamantus a clytwaith o dir ffermio'n ymdonni'n ysgafn yn rhoi awyrgylch hudolus, unigryw i'r ynys.

The Menai Strait
Separating Anglesey from Gwynedd, the Menai Strait is designated a Special Area of Conservation under European guidelines which recognise that the natural environment is one of Wales's greatest assets. View the Menai Strait from the A55 over Robert Stephenson's Britannia Bridge, or from Thomas Telford's graceful suspension bridge, which has footpaths either side. This view is from the A5, west of Menai Bridge. Photographer, Aled Hughes.

Y Fenai
Yn gwahanu Môn a Gwynedd oddi wrth ei gilydd, mae'r Fenai wedi'i dynodi yn Ardal Gadwraeth Arbennig o dan gyfarwyddyd Ewropeaidd sy'n cydnabod gymaint o gaffaeliad yw amgylchedd naturiol Cymru. Mynnwch weld y Fenai o'r A55 dros Bont Britannia Robert Stephenson, neu o bont grog urddasol Thomas Telford, sydd â llwybrau troed ar bob ochr iddi. Mae'r olygfa hon o'r A5 i'r gorllewin o Bont Menai. Ffotograffydd, Aled Hughes.

Llynnon Mill
Anglesey once grew more wheat, barley and oats than any other region of Wales and had around 100 mills, powered by wind or water. The millers who produced the essential flour were respected members of the community. Watch the miller at Llynnon, the only working windmill in Wales, grinding flour – and take a bag home to bake your own bread. Walk the three-mile Mills Trail to Melin Howell, a restored water mill – and reflect upon distant views of modern turbines at Llyn Alaw wind farm.
Photographer, Derec Owen.

Melin Llynnon
Ar un adeg tyfid mwy o wenith, haidd a cheirch ym Môn nag yn unrhyw ardal arall yng Nghymru ac roedd 100 o felinau'n cael eu gyrru gan wynt neu ddŵr. Roedd y melinydd a gynhyrchai'r blawd oedd mor hanfodol yn aelod parchus o'r gymuned. Gwyliwch y melinydd yn Llynnon, yr unig felin sy'n gweithio yng Nghymru, yn malu'r blawd – ac ewch â bagaid adref gyda chi i gael pobi'ch bara'ch hun. Cerddwch dair milltir ar hyd Llwybr y Melinau i Felin Howell, melin ddŵr wedi'i hadnewyddu – a sylwch yn y pellter ar dyrbinau modern fferm wynt Llyn Alaw yn y pellter.
Ffotograffydd, Derec Owen.

Granary of Wales
Rich soils have long sustained livestock and arable farming – 12th-century traveller Giraldus Cambrensis described Anglesey as 'The Granary of Wales'. Diversification into tourism, premium-quality foods, and even harvesting the wind, is an increasing trend. Visit Oriel Ynys Môn at Llangefni to learn how Anglesey's inhabitants have interacted with the land since prehistoric times.
Photographer, Paul Kay.

Môn Mam Cymru
Ers amser maith bu'r priddoedd bras yn fodd i gynnal da byw a ffermio âr. Disgrifiwyd Môn fel 'Ysgubor Cymru' gan Gerallt Gymro yn y 12fed ganrif. Mae tueddiad cynyddol i arallgyfeirio a throi at dwristiaeth, cynhyrchu bwydydd o ansawdd uchel, a hyd yn oed gynaeafu'r gwynt. Dewch i weld Oriel Ynys Môn yn Llangefni i gael dysgu am y rhyngweithio a fu rhwng trigolion Môn a'r tir oddi ar gyfnodau cynhanes.
Ffotograffydd, Paul Kay.

Penmon and Puffin Island
Black Point lighthouse marks the eastern tip of Anglesey and the entrance to the Menai Strait. Puffin Island takes its Welsh name, Ynys Seiriol, from the 6th-century saint who is buried there. Check on Beaumaris Pier for details of boat trips around Puffin Island.
Photographer, Aled Hughes.

Penmon ac Ynys Seiriol
Mae goleudy'r Trwyn Du yn dynodi pen dwyreiniol Môn a'r mynediad i afon Menai. Mae Ynys Seiriol wedi'i henwi ar ôl enw'r sant a gladdwyd yno yn y 6ed ganrif. Edrychwch ar Bier Biwmares am fanylion ynglŷn â siwrneiau mewn cwch o gwmpas Ynys Seiriol.
Ffotograffydd, Aled Hughes.

Yachting
For yacht and boat owners, Anglesey has it all – from Holyhead's busy harbour to remote and peaceful coves, from sheltered bays ideal for beginners to the navigational challenge of the Menai Strait.
You could spend a lifetime exploring the coast of Anglesey, from the sailing centres of Holyhead and Beaumaris.
Photographer, David Williams.

Hwylio
Mae popeth gan Sir Fôn i'w gynnig ar gyfer y rhai sydd yn berchen cychod a chychod hwylio – o borthladd prysur Caergybi i draethau bychain tawel diarffordd, o draethau cysgodol sy'n fannau delfrydol ar gyfer y rhai sy'n dechrau dysgu hyd at her fordwyol y Fenai. Gallech dreulio oes gyfan yn crwydro ar hyd arfordir
Môn o ganolfannau hwylio Caergybi a Biwmares.
Ffotograffydd, David Williams.

South Stack
The spectacular cliffs that plunge into the sea at South Stack, near Holyhead, are home to thousands of seabirds. The complex rock folds near the footbridge to the lighthouse are of pre-Cambrian origin – Wales gave its Latin name to the earliest era in the geology of our planet. Visit the RSPB visitor centre, Ellin's Tower, in early summer to view seabirds nesting on precarious ledges.
Photographer, Steve Lewis.

Ynys Lawd
Mae'r clogwyni trawiadol sy'n plymio i'r môr o gwmpas Ynys Lawd yn gartref i filoedd o adar y môr. Mae'r creigiau â'u plygion cymhleth ger y bont gerdded sy'n arwain i'r goleudy o darddiad cyn-Gambriaidd – rhoddodd Cymru ei henw Lladin i gyfnod daearegol cynharaf ein planed. Dewch i weld canolfan ymwelwyr y Gymdeithas Frenhinol er Gwarchod Adar (RSPB), Tŵr Elin, ar ddechrau'r haf i gael gweld adar y môr yn nythu ar ysgafelloedd ansicr yn y graig.
Ffotograffydd, Steve Lewis.

Snowdonia is the largest national park in Wales. Its dramatic mountains and magnificent valleys, carved by glaciers during the last Ice Age, attract walkers, climbers, canoeists and cyclists – and support patterns of upland farming that have changed little in a thousand years.

Eryri yw'r parc cenedlaethol mwyaf yng Nghymru. Mae ei fynyddoedd dramatig a'i gymoedd godidog, a ffurfiwyd gan rewlifoedd yn ystod yr Oes Iâ ddiwethaf, yn denu cerddwyr, dringwyr, canŵ-wyr a seiclwyr – ac yn cynnal patrymau o ffermio uwchdirol na welodd fawr o newid mewn mil o flynyddoedd.

Nant Gwynant
At Dinas Emrys, a rock outcrop beyond the lake, the red dragon of Wales is said to have fought the white dragon of the Saxons, in the presence of Merlin the Magician, thus becoming the inspiration for the Welsh flag. Take the winding A458 from Beddgelert to a car park high above Nant Gwynant – for views, weather permitting, of Snowdon.
Photographer, Chris Warren.

Nant Gwynant
Yn Ninas Emrys, carreg frig y tu draw i'r llyn, dywedir i ddraig goch Cymru ymladd yn erbyn draig wen y Sacsoniaid ym mhresenoldeb y Dewin Myrddin. Bu'r ornest hon yn gyfrifol am ysbrydoli'r faner Gymreig. Ewch ar hyd yr A458 droellog o Feddgelert hyd at faes parcio uwchlaw Nant Gwynant – am olygfeydd, mewn tywydd teg, o'r Wyddfa.
Ffotograffydd, Chris Warren.

Snowdon
The classic view of Snowdon is from the direction of Capel Curig. The pyramidal peak of Snowdon itself – Yr Wyddfa – is serenely counter-balanced by the other summits of the group. Reaching the 3,560ft (1,085m) summit of Snowdon can be as easy or as difficult as you choose. Take the Snowdon Mountain Railway from Llanberis, or follow one of several paths – dress appropriately, know how to use map and compass, and stay within your limits.
Photographer, Chris Warren.

Yr Wyddfa
Yr olygfa enwocaf o'r Wyddfa yw'r un o gyfeiriad Capel Curig. Mae copa pyramidaidd yr Wyddfa ei hun yn cydbwyso'n dawel â chopaon eraill y grŵp. Gall cyrraedd copa 3,560tr (1,085m) yr Wyddfa fod mor hawdd neu mor anodd ag y bydd dyn yn dymuno iddo fod. Ewch ar drên bach yr Wyddfa o Lanberis, neu dilynwch un o sawl llwybr – cofiwch wisgo'n briodol, a rhaid eich bod yn gwybod sut i ddefnyddio map a chwmpawd, a pheidiwch â gwneud mwy nag y gallwch ei wneud heb beryglu'ch hunan.
Ffotograffydd, Chris Warren.

Nantlle Ridge and Snowdon from Cnicht
There are areas of Wales that seem empty, but which contain much evidence of human settlement. Prehistoric monuments, Iron Age forts, Roman roads, medieval castles, ancient field boundaries and countless abandoned mines and quarries remind us of mankind's long presence in this land. The National Trust and CADW – Welsh Historic Monuments care for important landscapes and sites across the whole of Wales – their maps and publications will lead you to hidden treasures.
Photographer, Dave Newbould.

Crib Nantlle a'r Wyddfa o'r Cnicht
Ceir ardaloedd yng Nghymru sy'n rhoi'r argraff o fod yn wag ond mae ynddynt lawer o dystiolaeth bod dyn wedi byw yno. Mae henebion, caerau o Oes yr Haearn, ffyrdd Rhufeinig, cestyll canoloesol, hen ffiniau caeau a phyllau mwynau a chwareli di-rif sy'n segur erbyn heddiw, yn ein hatgoffa gyhyd y mae dyn wedi byw yn y wlad hon. Mae tirwedd a safleoedd pwysig dros Gymru gyfan dan ofal yr Ymddiriedolaeth Genedlaethol a CADW. Bydd eu mapiau a'u cyhoeddiadau yn eich arwain i drysorau cudd.
Ffotograffydd, Dave Newbould.

Sheep farmer
Sheep farmers communicate with their famously intelligent Border Collies through whistles and calls, as they follow the ancient rhythms of transhumance – moving sheep flocks up and down the mountain according to the season. Scan the hillsides, especially in spring or autumn, for sprinting sheepdogs responding to the commands of a shepherd as they corral ever-growing accumulations of reluctant sheep.
Photographer, Steve Peake.

Ffermwr defaid
Bydd ffermwyr defaid yn cyfathrebu â'u cŵn hynod o ddeallus drwy chwibanau a galwadau, wrth iddynt ddilyn hen rythmau hafota a hendrefa – symud y preiddiau defaid i fyny ac i lawr y mynydd gyda'r tymhorau. Sylwch yn ofalus ar lethrau'r bryniau, yn enwedig yn y gwanwyn a'r hydref, i gael gweld cŵn defaid yn rhedeg ar wib wrth ymateb i orchymyn bugail wrth iddynt gasglu reiddiau o ddefaid amharod fan hyn a fan draw.
Ffotograffydd, Steve Peake.

Tryfan
The Ogwen Valley, with Tryfan as its centrepiece and the mighty Carneddau to the north, gives a tremendous sense of space and remoteness – and yet there are working hill farms up here, where farmers and flocks brave whatever the weather throws at them.
Park near Lake Ogwen and walk up to Cwm Idwal – taking in breathtaking views of Nant Ffrancon's wide valley – to see the textbook example of a glaciated landscape, as described by Charles Darwin.
Photographer, Jeremy Moore.

Tryfan
Mae Nant y Benglog, a Thryfan yn y canol, a'r Carneddau mawreddog i'r gogledd, yn rhoi rhyw ymdeimlad anhygoel o'r eang a'r pellennig ac eto ceir ffermydd mynydd sy'n gweithio o hyd, i fyny'n y fan yma lle mae'r ffermwr a'i braidd yn gorfod wynebu pob tywydd. Parciwch yn ymyl Llyn Ogwen a cherddwch i fyny i Gwm Idwal – a sylwch ar eich ffordd ar y golygfeydd syfrdanol o ddyffryn eang Nant Ffrancon – i chi gael gweld yr enghraifft nodweddiadol berffaith o dirwedd rhewlifol, fel y'i disgrifiwyd gan Charles Darwin.
Ffotograffydd, Jeremy Moore.

Caernarfon Castle
Caernarfon Castle is the largest of the fortresses built by Edward I to control the mountainous region of Gwynedd, following the defeat of Llywelyn ap Gruffudd, the last Welsh prince, in 1282. Today, the town is one of the most vigorously Welsh in its everyday life and language. Climb the battlements to understand the scale of this intimidating structure - and to enjoy magnificent views of northern Snowdonia.
Photographer, David Angel.

Castell Caernarfon
Castell Caernarfon yw'r mwyaf o'r caerau a adeiladwyd gan Edward I er mwyn cadw rhanbarth mynyddig Gwynedd dan reolaeth, yn dilyn trechu Llywelyn ap Gruffudd, ein tywysog Cymreig olaf, ym 1282. Heddiw, mae'r dref yn un o'r rhai mwyaf egnïol ei Chymreictod o ran ei bywyd beunyddiol a'i hiaith. Dringwch i ben y murfylchau er mwyn deall maintioli'r adeiladwaith bygythiol hwn – ac er mwyn mwynhau golygfeydd godidog o ogledd Eryri.
Ffotograffydd, David Angel.

Glyn Rhonwy, Llanberis
Not everyone in Snowdonia works in tourism or agriculture – other industries have located in and around the national park, such as this manufacturer of medical diagnostic equipment in the shadow of Snowdon. The story of the slate industry is told at the Welsh Slate Museum in Llanberis, a National Museums and Galleries of Wales site. Tour the Electric Mountain exhibition and Dinorwig hydro-electric power station deep inside the mountain nearby.
Photographer, Ray Wood.

Glyn Rhonwy, Llanberis
Nid yw pawb yn Eryri yn gweithio ym myd twristiaeth neu amaethyddiaeth – mae diwydiannau eraill wedi'u lleoli yn y parc cenedlaethol ac yn ei gyffiniau, megis y diwydiant hwn yng nghysgod yr Wyddfa sy'n cynhyrchu offer dadansoddi meddygol.
Ceir hanes y diwydiant llechi yn Amgueddfa Lechi Cymru yn Llanberis, safle Amgueddfeydd ac Orielau Cenedlaethol Cymru. Ymwelwch ag arddangosfa Mynydd Gwefru a phwerdy hydro-electrig Dinorwig ym mherfedd y mynydd gerllaw.
Ffotograffydd, Ray Wood.

Llanberis Pass Pages 24/25
Snowdonia's mountaineering credentials are impeccable – the climbers who conquered Everest in 1953 trained here. Today's rock athletes seek seemingly impossible routes that demand great strength and technical ability. The region's top climbing locations include Dinas Cromlech, Clogwyn Du'r Arddu and the Idwal Slabs. The National Mountaineering Centre, Plas-y-Brenin, provides courses to suit all abilities. Photographer, Ray Wood.

Nant Peris Tudalennau 24/25
Nid oes unman yn fwy cymwys yn gyrchfan mynydda nag Eryri – yma bu'r dringwyr aeth i gopa Everest yn 1953 yn ymarfer. Bydd athletwyr creigiau heddiw yn chwilio am lefydd sy'n ymddangos yn amhosib eu dringo, ac sy'n galw am lawer o gryfder a gallu technegol. Ymhlith prif leoliadau dringo'r ardal mae Dinas y Gromlech, Clogwyn Du'r Arddu a Slabiau Idwal. Mae Plas-y-Brenin, y Ganolfan Fynydda Genedlaethol, yn cynnig cyrsiau sy'n addas ar gyfer pawb. Ffotograffydd, Ray Wood.

Lliwedd from Crib Goch
William Wordsworth, in the conclusion to 'The Prelude', describes climbing Snowdon overnight from Beddgelert to watch the sunrise, and emerging above 'a huge sea of mist' – a treat that occasionally rewards walkers on the high ridges. The strenuous circuit of the Snowdon Horseshoe, from Pen y Pass, is the ultimate mountain walk. It demands a high level of fitness and experience, and a cool head for negotiating the knife-edge ridges of Crib Goch. Photographer, Dave Newbould.

Lliwedd o Grib Goch
Yn rhannau olaf ei gerdd 'The Prelude' mae William Wordsworth yn disgrifio dringo'r Wyddfa yn y nos o Feddgelert i wylio'r wawr yn torri ac yn brigo uwch 'môr enfawr o niwl' – un o'r pleserau a ddaw i ran y cerddwyr ar y cefnennau ambell dro. Mae'r daith galed o Bedol yr Wyddfa, o Ben y Pàs, yn brofiad amheuthun o ran cerdded ar fynydd. Mae gofyn eich bod yn ffit ac yn brofiadol iawn ac mae rhaid i chi gadw'ch pen er mwyn cael symud ar hyd cefnennau peryglus, serth Crib Goch.
Ffotograffydd, Dave Newbould.

From the Stone Age axe factory on Mynydd Rhiw to the Celtic hill fort at Tre'r Ceiri, from sacred Bardsey Island to battle-worn Criccieth Castle, there are places in Llŷn that convey a tangible sense of history. It's a popular holiday area too, with harbours, beaches, golf courses and family attractions.

O ffatri fwyeill Oes y Cerrig ar Fynydd Rhiw hyd at y fryngaer Geltaidd yn Nhre'r Ceiri, o Ynys Enlli gysegredig hyd Gastell Cricieth a welodd yn ei amser lawer o frwydro, mae mannau yn Llŷn sy'n cyfleu rhyw ymdeimlad gwirioneddol fyw o hanes. Mae'n ardal wyliau boblogaidd hefyd â'i phorthladdoedd, ei thraethau, ei chyrsiau golff a'i hatyniadau ar gyfer y teulu.

Porthdinllaen
On this dramatic promontory – its rocks and cliffs populated by seals and seabirds, and designated a Site of Special Scientific Interest – you will find a former fishing village, archaeological sites, coastguard and lifeboat stations – and the spectacular clifftop course of Nefyn Golf Club. From the National Trust car park for Porthdinllaen, at Morfa Nefyn, follow the track through the golf course to the little village on the beach – the Tŷ Coch Inn provides sustenance. Photographer, David Williams.

Porthdinllaen
Ar y penrhyn dramatig hwn – sy'n Safle o Ddiddordeb Gwyddonol Arbennig â morloi ac adar y môr yn byw ar ei greigiau a'i glogwyni – mae hen bentref a oedd yn gartref i bysgotwyr, safleoedd archaeolegol, gorsafoedd gwylwyr y glannau a'r bad achub a lleoliad anhygoel pen clogwyn Clwb Golff Nefyn. O faes parcio'r Ymddiriedolaeth Genedlaethol ar gyfer Porthdinllaen, ym Morfa Nefyn, dilynwch y llwybr drwy'r clwb golff i'r pentref bach ar y traeth – cewch luniaeth yn Nhafarn y Tŷ Coch. Ffotograffydd, David Williams.

TŶ COCH INN

Porthdinllaen and The Rivals
Pages 30/31
The three summits of The Rivals – each of which can appear the highest, depending on where you are – dominate the view across the bay from Porthdinllaen. The National Centre for Language and Culture at Nant Gwrtheyrn, in their shadow, is the place to learn Welsh in incomparable surroundings. Explore the Llŷn Heritage Coast path – a well-marked route linking bays, cliffs and headlands along 112 miles of shoreline listed as an Area of Outstanding Natural Beauty.
Photographer, Dave Newbould.

Porthdinllaen a'r Eifl
Tudalennau 30/31
Tri chopa'r Eifl – y mae pob un ohonynt yn rhoi'r argraff o fod yn uwch na'r ddau arall yn ei dro, yn dibynnu ar eich man gwylio chithau – sydd fwyaf amlwg yn yr olygfa ar draws y bae o Borth Dinllaen.
Y Ganolfan Iaith a Diwylliant Genedlaethol yn Nant Gwrtheyrn, yn eu cysgod, yw'r lle i ddysgu Cymraeg ag ardal ddigymar o'ch cwmpas. Cerddwch ar hyd llwybr Arfordir Treftadaeth Llŷn – llwybr hawdd ei ddilyn sy'n cysylltu baeau, clogwyni a phentiroedd ar hyd 112 milltir o arfordir a ddynodwyd yn Ardal o Harddwch Naturiol Eithriadol.
Ffotograffydd, Dave Newbould.

Borth y Gest
The captains of Porthmadog's 19th-century schooners – which carried Welsh slate to the world – built solid houses here, in which to enjoy well-earned retirement surrounded by souvenirs of their voyages. It remains a tranquil retreat away from the bustle of the nearby town. From Porthmadog, walk along the narrow road past Madoc Yacht Club to Borth-y-Gest and along the rocky coast westward – there are majestic views of Snowdonia across the estuary.
Photographer, Jeremy Moore.

Borth y Gest
Yn y 19eg ganrif cludai sgwneri Porthmadog lechi Cymru i'r byd ac yn y fan yma y cododd capteniaid y sgwneri hyn dai cadarn, y gallent fyw yn braf ynddynt wedi ymddeol a swfeniriau o'u mordeithiau o'u cwmpas. Mae'n dal i fod yn encil tawel, o sŵn a chlyw y dref gyfagos, brysur. O Borthmadog, cerddwch ar hyd yr heol gul heibio i Glwb Hwylio Madog hyd Borth-y-Gest a thua'r gorllewin ar hyd yr arfordir creigiog – mae golygfeydd urddasol o Eryri ar draws y moryd.
Ffotograffydd, Jeremy Moore.

Whistling Sands
This family has all the essentials for a great day at the beach – bucket and spade, gift-shop fishing net for investigating rock pools – and, no doubt, picnic, drinks and sun lotion. Whistling Sands is named for the squeaking sound made by the coarse sand if you shuffle through it. The uncrowded beaches at Tudweiliog, Porth Ysgaden, Porth Colmon and Porth Oer are all worth a visit – they are all on the Llŷn Heritage Coast footpath.
Photographer, Steve Benbow.

Porth Oer
Mae popeth sydd ei eisiau ar gyfer diwrnod braf ar y traeth gan y teulu yma - bwced a rhaw, rhwyd bysgota er mwyn chwilio ym mhyllau glan y mor - hefyd, mae'n debyg, picnic, rhywbeth i'w yfed a hylif haul. Daw'r enw Saesneg Whistling Sands o'r sŵn a wneir gan y tywod bras wrth i chi lusgo'ch traed drwyddo. Mae'r traethau tawel yn Nhudweiliog, Porth Ysgaden, Porth Colmon a Phorth Oer yn fannau gwerth ymweld â nhw – maent i gyd ar lwybr Arfordir Treftadaeth Llŷn.
Ffotograffydd, Steve Benbow.

Bardsey Island
Mystical Bardsey has long been a place of pilgrimage – three journeys here equalled one to Rome. In settled weather, when the tide is right, it is possible to cross by boat from Aberdaron, where clergyman R. S. Thomas channelled his concern for the landscape and culture of Wales into powerful poetry. Follow the Pilgrim's Route, which links the churches and holy wells of Llŷn – maps are available from churches and local shops.
Photographer, Steve Benbow.

Ynys Enlli
Bu Enlli gyfriniol yn gyrchfan pererinion ers cyfnod maith – a thair siwrnai iddi gyfwerth ag un i Rufain. Pan fydd y tywydd yn ffafriol a'r llanw'n iawn, mae'n bosib croesi mewn cwch o Aberdaron lle y trodd yr offeiriad R. S. Thomas ei bryderon ynghylch tirlun a diwylliant Cymru yn farddoniaeth rymus. Dilynwch Ffordd y Pererinion sy'n cysylltu eglwysi a ffynhonnau cysegredig Llŷn – mae mapiau ar gael yn yr eglwysi a'r siopau lleol.
Ffotograffydd, Steve Benbow.

Black Rock Sands
This vast beach extending some three miles from Borth y Gest to Criccieth – with views of southern Snowdonia – gives a tremendous feeling of limitless sea and sky. Walk along this or any other westward-facing beach in Wales for a profound sensation of smallness under scudding clouds or fiery sunset.
Photographer, Steve Peake.

Traeth y Greigddu
Mae'r traeth eang hwn sy'n ymestyn tua tair milltir o Borth y Gest i Gricieth – a golygfeydd o dde Eryri yn y cefndir – yn rhoi rhyw ymdeimlad rhyfeddol o fôr ac awyr di-ben-draw. Os cerddwch ar hyd y traeth hwn neu unrhyw draeth sy'n wynebu tua'r gorllewin yng Nghymru, daw i chi'r ymdeimlad dwys o fychander dyn o dan gymylau ar ffo neu fachlud tanbaid.
Ffotograffydd, Steve Peake.

Portmeirion
The visionary architect Clough Williams-Ellis searched Britain for a landscape in which to set his imaginative ideas – and found it on his own doorstep in Wales. Portmeirion, his entertaining Italianate village, charms with carefully aligned vistas that place exotic inspirations against a Welsh backdrop. Leave the A487 at Minffordd, across the estuary from Porthmadog, and enter another world – imagine yourself on a Mediterranean shore, or helping 1970s television hero The Prisoner plot his escape from the village.
Photographer, David Williams.

Portmeirion
Bu'r gweledydd o bensaer Clough Williams-Ellis yn chwilio hyd a lled Prydain am dirlun y gallai osod ei syniadau creadigol ynddo – a chafodd hyd iddo ar garreg ei ddrws ei hun yng Nghymru. Mae Portmeirion, ei bentref Eidalaidd difyr, yn swyno a'i olygfeydd cyflun sy'n gosod adeiladau a ysbrydolwyd gan fannau egsotig yn erbyn cefndir Cymreig. Trowch oddi ar yr A487 ym Minffordd, ar draws yr aber o Borthmadog, ac fe ewch i mewn i fyd arall – dychmygwch eich bod rywle ar lan Môr y Canoldir, neu'n helpu'r Prisoner, arwr o fyd teledu'r 1970au, i gynllwynio ffordd o ddianc o'r pentref.
Ffotograffydd, David Williams.

Conwy Valley Dyffryn Conwy

The River Conwy and its tributaries run through a landscape which is gentler and more wooded than the bare upland of Snowdonia to the west. In its lower reaches, the Conwy meanders lazily along its valley before opening out into a broad tidal estuary, as it makes its way to the sea.

Mae afon Conwy a'i llednentydd yn llifo drwy dirlun tynerach a mwy coediog nag uwchdir moel Eryri i'r gorllewin. Yn ei rhannau isaf, mae'r Conwy yn ystumio'n ddioglyd ar hyd y dyffryn cyn agor yn foryd llanw llydan, wrth iddi wneud ei ffordd i'r môr.

Conwy Castle
Built by Edward I, Conwy Castle is one of a ring of castles that includes Caernarfon, Beaumaris and Harlech. Together, as the finest examples of medieval castles and fortified town walls in the UK, they form a UNESCO World Heritage Site. Visit the castle, but be sure also to walk the town walls for great views over Conwy to the estuary and harbour.
Photographer, Pierino Algieri.

Castell Conwy
Mae Castell Conwy, a adeiladwyd gan Edward I, yn un o gylch o gestyll sy'n cynnwys Caernarfon, Biwmares a Harlech. Y cestyll hyn yw'r enghreifftiau gorau o gestyll a muriau caerog trefol yn y DU ac maent, gyda'i gilydd, yn ffurfio Safle Treftadaeth Byd UNESCO. Ymwelwch â'r castell, ond gwnewch yn siwr eich bod yn cerdded ar hyd furiau'r dref er mwyn i chi gael mwynhau'r golygfeydd dros Gonwy hyd aber yr afon a'r harbwr.
Ffotograffydd, Pierino Algieri.

Conwy Valley near Trefriw
The floor of the Conwy Valley is fertile farmland, while the slopes bordering Snowdonia are fine walking and mountain-biking country. At Trefriw, iron-rich water, from springs discovered by the Romans, supplies a health-giving spa – and water-driven generators power a woollen mill. Highlights of the lower Conwy Valley include the woollen mill at Trefriw and Bodnant Garden, one of the very best in Wales.
Photographer, Dave Newbould.

Dyffryn Conwy ger Trefriw
Mae llawr Dyffyn Conwy yn dir amaeth ffrwythlon tra bo llethrau cyfagos Eryri yn addas ar gyfer cerdded a beicio mynydd. Yn Nhrefriw, cyflenwir sba iachusol gan ddŵr yn llawn haearn o ffynhonnau a ddarganfuwyd gan y Rhufeiniaid – ac mae generaduron a yrrir gan ddŵr yn gyrru melin wlân yno. Byddai uchafbwyntiau ymweliad â Dyffryn Conwy isaf yn cynnwys y felin wlân yn Nhrefriw a Gerddi Bodnant, sydd gyda'r gorau yng Nghymru.
Ffotograffydd, Dave Newbould.

Forestry, near Betws-y-coed
Large tracts of upland Wales are given over to commercial forestry. Where once the policy was to plant blocks of a single species, the trend is now toward growing a variety of trees in more natural-looking plantations. Many forest tracks are open to walkers and cyclists, and the Forestry Commission runs some excellent campsites – tourist information centres have details.
Photographer, Jeremy Moore.

Coedwigaeth, ger Betws-y-coed
Mae rhannau helaeth o uwchdiroedd Cymru o dan goed a dyfir yn fasnachol. Lle bu'n bolisi ar un adeg i dyfu blociau o un math o goed yn unig, mae'n duedd bellach i dyfu amrywiaeth o goed mewn planhigfeydd mwy naturiol yr olwg. Mae llawer o'r llwybrau yn y fforestydd ar agor i gerddwyr ac i seiclwyr ac mae gan y Comisiwn Coedwigaeth wersylloedd ardderchog – mae'r manylion ar gael yn y canolfannau croeso.
Ffotograffydd, Jeremy Moore.

Llanrwst
The market town of Llanrwst, in its pastoral setting of villages and farms, seems all the more delightful in contrast to the commanding presence of Snowdonia's peaks. The narrow bridge is believed to have been designed by Inigo Jones for the Wynn family of Gwydir Castle. Walk, or drive carefully, over the bridge and across the valley to visit Gwydir Castle, an early Tudor courtyard house skilfully restored to its former glory.
Photographer, Chris Warren.

Llanrwst
Ymddengys tref farchnad Llanrwst, ag ardal wledig o bentrefi a ffermydd o'i chwmpas, yn fwy dymunol byth o'i chyferbynnu â phresenoldeb amlwg copaon Eryri. Credir i'r bont gul gael ei chynllunio gan Inigo Jones ar gyfer y teulu Wynn o Gastell Gwydir. Cerddwch neu gyrrwch yn ofalus dros y bont ac ar draws y dyffryn er mwyn ymweld â Chastell Gwydir, tŷ o gwmpas cwrt o'r cyfnod Tuduraidd cynnar, sydd wedi'i adfer yn gelfydd i'w gyflwr gwreiddiol.
Ffotograffydd, Chris Warren.

Betws-y-coed
Once a stop on the old coach road from London to Holyhead, and a popular resort in Victorian times, Betws-y-coed is accustomed to crowds. It can become very busy on summer weekends, when the temptation to cool off near the river is understandable. Walk for a few minutes along the riverside paths and you will soon find yourself in peaceful surroundings. A trail for wheelchair users heads into the forest just west of Betws-y-coed.
Photographer, Steve Benbow.

Betws-y-coed
Ar un pryd roedd Betws-y-coed yn fan aros ar hen ffordd y goets fawr o Lundain i Gaergybi ac yn gyrchfan gwyliau poblogaidd yn Oes Fictoria. Mae Betws-y-coed felly yn hen gyfarwydd â thynnu llawer o bobl iddo. Gall droi'n lle prysur iawn ar benwythnosau yn yr haf, pan fydd yn hawdd deall yr awydd i fynd i hamddena ger yr afon lle nad yw mor boeth. Os cerddwch am ychydig funudau ar hyd llwybrau glan yr afon, cewch eich hun yn fuan wedi eich amgylchynu gan lonyddwch. Mae llwybrau ar gyfer defnyddwyr cadair olwyn yn mynd i'r goedwig ychydig i'r gorllewin o Fetws-y-coed.
Ffotograffydd, Steve Benbow.

Fairy Glen
This remarkable chasm, and the Conwy Falls just upstream, were on the itinerary of every Victorian traveller to Snowdonia. The birthplace of Bishop William Morgan, whose translation of the Bible into Welsh secured the survival of the language, is at nearby Penmachno. Combine a walk to the Fairy Glen with a visit to Tŷ Mawr Wybrnant, Bishop Morgan's home, now in the care of the National Trust.
Photographer, Paul Kay.

Ffos Noddyn
Byddai'r ceunant rhyfeddol hwn, a Rhaeadr y Graig Lwyd ychydig yn uwch i fyny'r afon, yn rhan o daith pob ymwelydd yn Oes Fictoria i Eryri. Ganwyd yr Esgob William Morgan, y bu ei gyfieithiad o'r Beibl i'r Gymraeg yn fodd i sicrhau goroesiad yr iaith, ym Mhenmachno gerllaw. Cyfunwch ymweliad ar droed â Ffos Noddyn ag ymweliad â Thŷ Mawr Wybrnant, cartref yr Esgob Morgan, sydd bellach yng ngofal yr Ymddiriedolaeth Genedlaethol.
Ffotograffydd, Paul Kay.

Swallow Falls
The River Llugwy rushes down these spectacular falls before joining the Conwy at Betws-y-coed. The attractive town has hotels, cafes, craft shops, tourist information centre and a railway museum.
Photographer, Chris Gallagher.

Y Rhaeadr Ewynnol
Bydd afon Llugwy'n rhuthro i lawr y rhaeadrau trawiadol hyn cyn ymuno â'r Conwy ym Metws-y-coed. Yn y dref ddeniadol hon mae gwestai, tai bwyta, siopau crefftau, canolfan groeso ac amgueddfa reilffyrdd.
Ffotograffydd, Chris Gallagher.

Great Orme
The limestone outcrop of Great Orme dominates Conwy Bay. The world's largest Bronze Age mining remains, where copper ore was extracted 4,000 years ago, extend 150ft below the surface and are open to visitors from February to October. Drive high above the sea on the giddying road from Llandudno Pier to the West Shore. Or visit the summit of Great Orme by cable-car in one direction and Victorian tramway in the other.
Photographer, Steve Peake.

Y Gogarth
Y galchfaen sy'n brigo i'r wyneb yn y Gogarth yw'r nodwedd amlycaf uwchben Bae Conwy. Mae'r olion mwyngloddiau Oes Efydd mwyaf yn y byd, lle yr echdynnwyd mwyn copor 4,000 o flynyddoedd yn ôl, yn ymestyn 150tr o dan yr wyneb ac maent ar agor i ymwelwyr o fis Chwefror hyd fis Hydref. Gyrrwch uwchlaw'r môr ar yr heol beri pendro o Bier Llandudno hyd y Traeth Gorllewinol. Neu ymwelwch â Phen y Gogarth yn y car rhaff i un cyfeiriad ac ar y tramiau Fictoraidd i'r cyfeiriad arall.
Ffotograffydd, Steve Peake.

There are regions of Wales where the importance of agriculture manifests itself strongly. The wide Vale of Clwyd, viewed from the hills above, gives an impression of burgeoning productivity – of farmers dispersing their produce through the market towns of Ruthin and Denbigh to the wider population.

Ceir ardaloedd yng Nghymru lle mae pwysigrwydd amaethyddiaeth i'w weld yn amlwg iawn. Wrth edrych i lawr o'r bryniau ar Ddyffryn Clwyd llydan, ceir yr argraff o waith cynhyrchu cynyddol – o ffermwyr yn dosbarthu eu cynnyrch i'r boblogaeth o gwmpas, yn nhrefi marchnad Rhuthun a Dinbych.

Ruthin
Overlooked by Moel Famau and the Clwydian hills, Ruthin is an ancient market town and commercial centre that has long served the Vale of Clwyd. Ruthin's buildings reward a close look – from Ruthin Castle to the hilltop town centre with its church, old prison, ancient pubs and half-timbered buildings. Photographer, Dave Newbould.

Rhuthun
A Moel Famau a bryniau Clwyd yn y cefndir, mae Rhuthun yn dref farchnad a chanolfan fasnachol hen iawn sydd wedi gwasanaethu Dyffryn Clwyd dros gyfnod hir. Mae adeiladau Rhuthun yn haeddu sylw – o Gastell Rhuthun hyd ei chanol tref ar ben bryn, lle mae'r eglwys, yr hen garchar, tafarnau hen ac adeiladau ffrâm-bren. Ffotograffydd, Dave Newbould.

Farming
Hill farms tend to be widely spaced, as the poor-quality land will not support a high density of livestock, while the valley floor supports more intensive agriculture. A thriving Welsh-language cultural life keeps people in touch. Take a drive along the A525 – which links Ruthin, Denbigh and St Asaph, the smallest cathedral city in the UK – to gain a sense of the scale of the farming economy.
Photographer, David Woodfall.

Ffermio
Mae ffermydd mynydd yn tueddu i fod yn wasgaredig iawn, gan na fydd natur wael y pridd yn caniatáu cadw anifeiliaid ar ddwysedd uchel. Bydd llawr y dyffryn ar y llaw arall yn cynnal ffermio mwy arddwys. Mae bywyd diwylliannol ffyniannus Cymraeg yr ardal yn fodd i bobl gadw mewn cysylltiad â'i gilydd. Ewch â'r car ar hyd yr A525 – sy'n cysylltu Rhuthun, Dinbych a Llanelwy, y ddinas leiaf ag eglwys gadeiriol ynddi yn y DU – i geisio gwerthfawrogi graddfa'r economi amaethyddol.
Ffotograffydd, David Woodfall.

Vale of Clwyd
Winter transforms the vale into a carpet of white, criss-crossed by stone walls and punctuated here and there by the welcoming homeliness of a farmhouse. The farmers must work on regardless, especially when the first lambs make their appearance. Rug Chapel, an elaborately decorated private chapel, and Llangar Church, a rustic parish church, are delightful examples of contrasting ecclesiastical styles, just west of Corwen.
Photographer, David Woodfall.

Dyffryn Clwyd
Mae'r gaeaf yn trawsnewid y dyffryn yn garped gwyn, a rhwydwaith o waliau cerrig ar ei draws gydag ambell ffermdy hwnt ac yma yn estyn croeso cartrefol. Rhaid i'r ffermwyr fwrw ymlaen â'u gwaith, beth bynnag fydd yr amgylchiadau, yn enwedig pan ddaw'r ŵyn cyntaf. Mae Capel y Rug, capel preifat sydd wedi'i addurno'n hardd dros ben, ac Eglwys wledig Llangar, yn enghreifftiau hyfryd o ddulliau eglwysig cyferbyniol, ychydig i'r gorllewin o Gorwen.
Ffotograffydd, David Woodfall.

Clwydian Hills
The Clwydian range includes this region's most significant summit, Moel Famau, at 1,820ft. The Offa's Dyke long-distance footpath traverses these hills before descending to the coast at Prestatyn. Visit Loggerheads Country Park to learn about the natural history and industrial heritage of Flintshire. Or head for the summit of Moel Famau for tremendous views of the Vale of Clwyd, from uplands to sea.
Photographer, David Woodfall.

Bryniau Clwyd
Ym Mryniau Clwyd mae Moel Famau, copa uchaf yr ardal hon, yn codi i 1,820tr. Mae llwybr troed hir Clawdd Offa'n croesi'r bryniau hyn cyn disgyn i'r arfordir ym Mhrestatyn. Ymwelwch â Pharc Gwledig Tafarn y Celyn i chi gael dysgu am fywyd natur a threftadaeth diwydiannol Sir y Fflint. Neu ewch i ben Moel Famau er mwyn i chi gael gweld golygfeydd anhygoel o Ddyffryn Clwyd, o'r uwchdiroedd hyd y môr.
Ffotograffydd, David Woodfall.

Corwen, hedge laying
Traditional skills remain essential where the terrain rules out large-scale industrial farming. Agricultural colleges still teach centuries-old methods. Erddig Hall and the Clywedog Valley near Wrexham, and the Greenfield Valley near Flint, are good places to visit for an understanding of social and industrial history.
Photographer, Geraint Wyn Jones.

Corwen, plygu perthi
Mae sgiliau traddodiadol yn dal i fod yn hollbwysig pan na fydd natur y tir yn caniatáu ffermio diwydiannol ar raddfa eang. Mae'r colegau amaethyddol yn dal i ddysgu sgiliau sy'n ganrifoedd oed. Mae Erddig a Dyffryn Clywedog ger Wrecsam, a Chwm Maes-glas ger y Fflint, yn lleoedd da i ymweld â nhw i gael gwerthfawrogi'r hanes cymdeithasol a diwydiannol.
Ffotograffydd, Geraint Wyn Jones.

Wrexham, sheep auction
The auctioneer calls out rapid volleys of prices as sheep are paraded in the ring and buyers decide how high they will bid – a scene repeated many times a week throughout Wales. Look out for the famers' produce markets, which are an increasingly popular way of buying directly from the source – or visit the covered market in Wrexham.
Photographer, Steve Peake.

Wrecsam, ocsiwn defaid
Clywir yr arwerthwr yn galw llif o brisiau allan wrth i ddefaid gael eu harddangos yn y cylch a'r prynwyr yn penderfynu faint y maent am ei gynnig – golygfa a welir droeon bob wythnos ar hyd a lled Cymru. O ddiddordeb hefyd byddai marchnadoedd cynnyrch y ffermwyr, ffordd sy'n dod yn fwyfwy poblogaidd o brynu cynnyrch yn uniongyrchol – neu ymwelwch â'r farchnad dan do yn Wrecsam.
Ffotograffydd, Steve Peake.

Llangollen, tourism capital of north-eastern Wales, delights on many levels. The town is lulled by the sound of the river and echoes to the tooting of steam trains. The sylvan surroundings of Valle Crucis Abbey contrast with the bareness of the Horseshoe Pass and Eglwyseg Mountain.

Mae Llangollen, prif ganolfan dwristiaeth gogledd-ddwyrain Cymru, yn fan sy'n swyno mewn llawer ffordd. Mae'r dref yn cael ei suo gan sŵn yr afon ac adleisiau'r trenau stêm yn canu corn. Mae'r ardal goediog o gwmpas Abaty Glyn y Groes yn cyferbynnu â moelni Bwlch yr Oernant a Mynydd Eglwyseg.

Llangollen
The rocks that force the Dee to thunder past, over impressive rapids, also provided the best place to build a bridge across the river – enabling the town to grow in its scenic setting. Llangollen lends itself to exploration by walking – signposted paths to the banks of the Dee, and to other attractions, radiate from the town centre near the bridge.
Photographer, David Williams.

Llangollen
Gorfodwyd y Ddyfrdwy gan greigiau i ruo ar ei ffordd heibio, dros ddyfroedd geirwon trawiadol, a'r creigiau hynny'n cynnig ar yr un pryd y lle gorau i godi pont ar draws yr afon – a thrwy hynny'n galluogi'r dref i dyfu yn ei safle prydferth. Lle naturiol i fynd i gerdded ynddo a dod i wybod mwy amdano yw Llangollen – mae llwybrau wedi'u cyfeirbwyntio yn arwain i lannau'r Ddyfrdwy, ac i atyniadau eraill, gan ddechrau o ganol y dref yn ymyl y bont.
Ffotograffydd, David Williams.

The Vale of Llangollen
Having collected several tributaries since leaving Bala Lake, the Dee is a substantial river by the time it reaches the Vale of Llangollen. Attractions in the region include the Llangollen Canal, Chirk Castle and the ruin of Castell Dinas Brân, visible for miles around on its distinctive hilltop. From Llangollen, drive to Chirk and its castle, stopping to view the Froncysyllte aqueduct on the way – then continue to Llanarmon Dyffryn Ceiriog, which has won many best-kept village awards.
Photographer, Chris Gallagher.

Dyffryn Llangollen
A hithau wedi tynnu sawl llednant ati oddi ar iddi adael Llyn Tegid, mae'r Dyfrdwy yn afon sylweddol ei maint erbyn iddi gyrraedd Dyffryn Llangollen. Ymhlith yr atyniadau yn yr ardal mae Camlas Llangollen, Castell y Waun, ac adfail Castell Dinas Brân y gellir ei weld am filltiroedd ar ben ei fryn hynod. O Langollen, gallech yrru i'r Waun a'i gastell, gan aros i syllu ar draphont ddŵr Froncysyllte ar y ffordd cyn parhau ar eich siwrnai i Lanarmon Dyffryn Ceiriog, enillydd llawer o wobrau pentref harddaf Cymru.
Ffotograffydd, Chris Gallagher.

Photographer/Ffotograffydd, Dave Newbould.

Llangollen Eisteddfod
The people of the town welcome the world each summer as they host gifted singers, instrumentalists and dancers at the Llangollen International Musical Eisteddfod. Visit during the first week of July to experience the friendly atmosphere and high musical standards of the Eisteddfod – or check the programme for world-music events held throughout the year.
Photographer, David Williams.

Eisteddfod Llangollen
Bob haf bydd pobl y dref yn croesawu'r byd pan fydd cantorion, offerynwyr a dawnswyr dawnus yn dod i Eisteddfod Gerddorol Gydwladol Llangollen. Ymwelwch â'r ŵyl yn ystod wythnos gyntaf Gorffennaf i gael profi'r awyrgylch cyfeillgar a safonau uchel yr eisteddfod – neu edrychwch yn eich rhaglen i gael gweld pryd y cynhelir digwyddiadau cerddoriaeth byd-eang yma drwy'r flwyddyn.
Ffotograffydd, David Williams.

The Corn Mill
Llangollen has many pubs and restaurants, including this former water mill which overlooks the Dee in spectacular fashion. Fortify yourself to explore the region at one of the wide range of eating places – from cosy pubs to sophisticated hotels.
Photographer, David Williams.

Y Felin Ŷd
Mae llawer o dafarnau a thai bwyta yn Llangollen, gan gynnwys hon a fu gynt yn felin ddŵr ac sy'n edrych dros y Ddyfrdwy mewn ffordd drawiadol iawn. Mynnwch dipyn o luniaeth i chi eich hun yn un o'r dewis eang o fannau bwyta sydd ar gael, yn amrywio o dafarnau bach cysurus hyd at westai soffistigedig, fel y gallwch ddarganfod yr hyn sydd gan yr ardal i'w gynnig.
Ffotograffydd, David Williams.

Llangollen Canal
Generally agreed to be the most scenic canal in the entire UK network, the Llangollen Canal heads eastward from the town and is carried high above the River Dee by the Froncysyllte and Chirk aqueducts. There are horse-drawn canal boat trips from Llangollen – or you could navigate the canal on a hired narrowboat.
Photographer, Geraint Wyn Jones.

Camlas Llangollen
Yn ôl y farn gyffredinol, dyma'r gamlas sy'n teithio drwy'r mannau prydferthaf oll yn holl rwydwaith camlesi'r DU. Mae'r gamlas yn symud tua'r dwyrain o'r dre a bydd traphontydd dŵr Froncysyllte a'r Waun yn ei chario'n uchel uwchben afon Dyfrdwy. Mae teithiau ar gael ar fadau ceffyl y gamlas o Langollen – neu gallech fordwyo'r gamlas drwy logi cwch cul.
Ffotograffydd, Geraint Wyn Jones.

The wide swathes of mountain and moorland that form central Wales are lightly populated, but they are put to good use for agriculture, forestry and for supplying water – a commodity of which, it must be said, this elevated landscape receives an abundant supply.

Mae'r cadwyni llydan o fynyddoedd a rhostiroedd sy'n ffurfio canolbarth Cymru yn brin o ran eu poblogaeth ond gwneir defnydd da ohonynt ar gyfer amaethyddiaeth, coedwigaeth a chyflenwi dŵr, nwydd mae'n rhaid dweud y ceir digonedd ohono ar y tirwedd uchel hwn.

Lake Vyrnwy
Several of the largest lakes in Wales are reservoirs. Lake Vyrnwy's pumping station, with its Victorian Gothic tower, lends a hint of Switzerland to the scene. The Lake Vyrnwy Hotel has boats for hire, with electric outboards that do not pollute the water – and you will usually find someone at the bar willing to dispense good fishing advice.
Photographer, David Williams.

Llyn Efyrnwy
Cronfeydd dŵr yw sawl un o lynnoedd mwyaf Cymru. Mae gorsaf bwmpio Llyn Efyrnwy a'i dŵr Gothig Fictoraidd yn atgoffa'r ymwelydd o rannau o'r Swistir. Gellir llogi cwch o Westy Llyn Efyrnwy a pheiriant allanol trydan arno na fydd yn llygru'r dŵr, ac fel arfer yn y gwesty bydd rhywun wrth y bar yn fodlon cynnig cyngor da i bysgotwyr.
Ffotograffydd, David Williams.

Bala Lake
Extending from the town of Bala at its outflow to the Aran mountains in the distance, this is the largest natural lake in Wales. It is home to a species of fish, the Gwyniad, that has been marooned here since the last Ice Age. Take in the scale of the lake and the surrounding mountains by boarding the Bala Lake Railway for a trip to Llanuwchllyn via Llangower.
Photographer, Dave Newbould.

Llyn Tegid
Yn ymestyn o dref y Bala, lle mae'n llifo allan, hyd fynyddoedd yr Aran yn y pellter, dyma'r llyn naturiol mwyaf yng Nghymru. Mae'n gartref i fath arbennig o bysgodyn, y Gwyniad, sy'n byw ynddo oddi ar yr Oes Iâ ddiwethaf. Teithiwch ar hyd y llyn a mwynhewch bob agwedd arno gan gynnwys ei faint a'r mynyddoedd o'i gwmpas drwy fynd ar drên Llyn Tegid ar daith o Lanuwchlyn gan alw yn Llangower.
Ffotograffydd, Dave Newbould.

Mynach Falls
Two of Wales's most famous waterfalls are in this central region. On sunny days, Mynach Falls at Devil's Bridge makes rainbows between damp rocks covered in lush vegetation. Pistyll Rhaeadr, not far from Lake Vyrnwy, plunges 250ft into a dark pool – passing a natural rock bridge on the way – and is the highest waterfall in Wales.
Take the Vale of Rheidol narrow-gauge railway from Aberystwyth inland to explore the picturesque environs of Devil's Bridge.
Photographer, Chris Warren.

Rhaeadr y Mynach
Ceir dwy o raeadrau enwocaf Cymru yn yr ardal hon yn y canolbarth.
Ar ddiwrnodau braf mae Rhaeadr y Mynach ym Mhontarfynach yn llunio ambell enfys rhwng creigiau llaith sydd wedi'u gorchuddio â llystyfiant gwyrddlas. Mae Pistyll Rhaeadr, sydd heb fod ymhell o Lyn Efyrnwy, yn plymio 250tr i bwll tywyll – gan fynd heibio i bont graig naturiol ar y ffordd – hon yw'r rhaeadr uchaf yng Nghymru. Ewch ar drên bach Cwm Rheidol o Aberystwyth i mewn i'r wlad i weld prydferthwch ardal Pontarfynach.
Ffotograffydd, Chris Warren.

National White Water Centre
The world-class canoeing and white-water rafting course on the River Tryweryn near Bala has the unusual asset of a controllable water supply. On specific days, the sluices of the dam upstream are opened and a mighty torrent provides great sport for those with the skill to handle it. There are options to go sailing, windsurfing, canoeing or motor boating from several watersports centres around Bala Lake.
Photographer, Andrew Orchard.

Y Ganolfan Dŵr Gwyn Genedlaethol
Un peth sy'n gaffaeliad anghyffredin i'r cwrs canŵio a rafftio dŵr gwyn sydd o safon byd ar afon Tryweryn ger y Bala yw'r cyflenwad dŵr y gellir ei reoli. Ar ddiwrnodau penodol mae llifddorau'r argae yn uwch i fyny'r afon yn cael eu hagor a bydd llif anferth yn cynnig cyfle gwych i'r rhai hynny â'r sgiliau ganddynt i'w drafod. Mae'n bosib mynd i hwylio, bordhwylio, canŵio neu fynd mewn cwch modur o sawl canolfan chwaraeon dŵr o gwmpas Llyn Tegid.
Ffotograffydd, Andrew Orchard.

Less imposing than the rockier, northern areas of the national park, southern Snowdonia combines impressive mountains with mellow lowlands, peaceful lakes, an attractive coastline and some distinctive towns and villages.

Er eu bod yn llai trawiadol nag ardaloedd gogleddol mwy creigiog y parc cenedlaethol, mae de Eryri yn cyfuno mynyddoedd urddasol ag iseldiroedd mwyn, llynnoedd tawel, arfordir deniadol a rhai trefi a phentrefi arbennig iawn.

Mawddach estuary
Snowdonia has more nature reserves than any other national park in the UK. They are not all in the mountains – the tidal habitats and sand dunes of the Glaslyn-Dwyryd, Mawddach and Dyfi estuaries are equally significant. From Penmaenpool, west of Dolgellau, follow the Morfa Mawddach Walk along a disused railway track, for outstanding views of Cadair Idris and the beautiful estuary.
Photographer, Andrew McCartney.

Aber y Mawddach
Mae mwy o warchodfeydd natur yn Eryri nag sydd yn unrhyw barc cenedlaethol arall yn y DU. Nid yw pob un ohonynt yn y mynyddoedd – mae cynefinoedd llanw'r môr a thwyni tywod aberoedd Glaslyn-Dwyryd, y Fawddach a'r Ddyfi lawn mor bwysig. O Lyn Penmaen i'r gorllewin o Ddolgellau, dilynwch Lwybr Morfa Mawddach ar hyd yr hen rheilffordd segur er mwyn cael gweld golygfeydd neilltuol iawn o Gadair Idris ac aber hyfryd yr afon.
Ffotograffydd, Andrew McCartney.

Cadair Idris
This 2,927ft mountain dominates the views from Dolgellau and the Mawddach estuary. Legend has it that anyone who spends a night on the summit will wake up blind, mad or a poet. From Arthog, follow a narrow road to Llynnau Cregennen and enjoy views of Cadair Idris across the lakes. The climb to the summit is strictly for experienced mountain walkers.
Photographer, Dave Newbould.

Cadair Idris
Y mynydd hwn, sy'n codi i 2,927tr, yw'r nodwedd amlycaf ym mhob golygfa o Ddolgellau ac aber y Fawddach. Dywedir y bydd y sawl sy'n treulio noson ar ben Cadair Idris yn dihuno'n ddall, yn wallgof neu'n fardd. O Arthog, dilynwch yr heol gul i Lynnau Cregennen a mwynhewch olygfeydd o Gadair Idris ar draws y llynnoedd. Cerddwyr mynyddoedd profiadol yn unig ddylai fentro'r daith i'r copa.
Ffotograffydd, Dave Newbould.

Llyn Cynwch
This lake near Dolgellau is just one of many in Wales to provide excellent fishing in inspiring surroundings. Llyn Cynwch is on the route of the Precipice Walk, signposted from Dolgellau, which gives magnificent views to all points of the compass – the less energetic might find the lake a pleasant place to wait for others tackling the whole circuit.
Photographer, David Williams.

Llyn Cynwch
Mae'r llyn hwn ger Dolgellau yn un o blith llawer o lynnoedd Cymru sy'n cynnig cyfleusterau pysgota ardderchog mewn mannau hyfryd, ysbrydoledig. Mae Llyn Cynwch ar Lwybr Cynwch, sydd wedi'i gyfeirbwyntio o Ddolgellau, ac fe gewch olygfeydd godidog i bob cyfeiriad. Mae'n bosib y byddai'r llyn yn lle dymunol i'r llai egnïol oedi ac aros i eraill fyddai'n cerdded yr holl ffordd.
Ffotograffydd, David Williams.

Harlech Castle
Designed to appear intimidating from both land and sea, Harlech Castle seems to grow out of the rock outcrop on which it stands. Built for Edward I, it was also used as a base by Owain Glyndŵr. A siege during the Wars of the Roses inspired the stirring song 'Men of Harlech'.
A walk around the lofty battlements gives panoramic views of Snowdonia and Llŷn – the local battle re-enactment society gives exciting and informative presentations in the castle each summer.
Photographer, Dave Newbould.

Castell Harlech
Mae Castell Harlech, a gafodd ei gynllunio i ymddangos yn fygythiol o'r môr ac o'r tir, fel petai'n tyfu allan o frig y graig y saif arni. Cafodd ei adeiladu ar gyfer Edward I ac fe'i defnyddiwyd hefyd gan Owain Glyndŵr. Ysbrydolwyd y rhyfelgan 'Gwŷr Harlech' gan warchae yn ystod Rhyfel y Rhosynnau. Os cerddwch ar hyd y bylchfuriau uchel, cewch olygfeydd panoramig o Eryri a Llŷn – bydd y gymdeithas ail-greu brwydrau lleol yn rhoi cyflwyniadau cyffrous ac addysgiadol yn y castell bob haf.
Ffotograffydd, Dave Newbould.

Cwm Croesor
Thousands of workers once laboured in the slate quarries and mines of Bethesda, Llanberis, Blaenau Ffestiniog and Corris. Production continues today, using modern methods – this versatile material is used in building, roofing, insulation and household products.
The underground tours at Llechwedd Slate Caverns, Blaenau Ffestiniog and the Welsh Slate Museum at Llanberis both give insights into the lives of slate quarry workers.
Photographer, Steve Peake.

Cwm Croesor
Ar un pryd byddai miloedd o weithwyr yn llafurio yn chwareli llechi a phyllau Bethesda, Llanberis, Blaenau Ffestiniog a Chorris. Mae rhai chwareli'n dal i weithio hyd heddiw, gan ddefnyddio dulliau cynhyrchu modern. Defnyddir y garreg aml-bwrpas hon mewn adeiladau, toeon, inswleiddio a nwyddau cartref. Mae'r teithiau tanddaear yng Ngheudyllau Llechi Llechwedd, Blaenau Ffestiniog ac Amgueddfa Lechi Cymru yn Llanberis yn cynnig mewnwelediad i fywydau'r chwarelwyr.
Ffotograffydd, Steve Peake.

Corris, CAT
The Centre for Alternative Technology, between Machynlleth and Corris, leads the way in developing environmentally friendly ways of using wind and water power, natural materials and traditional skills for the benefit of mankind. Head north from Machynlleth on the A487 to Pantperthog, where you will find this fascinating and highly educational centre.
Photographer, Steve Benbow.

Corris, CDA
Mae Canolfan y Dechnoleg Amgen, rhwng Machynlleth a Chorris, ar y blaen gyda'r gwaith o ddatblygu ffyrdd amgylcheddol garedig o ddefnyddio ynni gwynt ac ynni dŵr, deunyddiau naturiol a sgiliau traddodiadol er lles dyn. Cymerwch yr A487 i'r gogledd o Fachynlleth i Bantperthog, lle y cewch hyd i'r ganolfan dra diddorol ac addysgiadol hon.
Ffotograffydd, Steve Benbow.

Rolling uplands Yr uwchdiroedd bryniog

From the high roads of mid Wales, ranges of hills extending to the horizon give the impression of an undulating ocean. The sources of our two longest rivers, the Severn and the Wye, are within a few miles of each other on the slopes of Plynlimon Fawr.

Mae'r cadwyni o fryniau sy'n ymestyn hyd y gorwel yn rhoi'r argraff o gefnfor tonnog o'u gweld o'r ffyrdd uchel yng nghanolbarth Cymru. Mae tarddleoedd ein dwy afon hiraf, yr Hafren a'r Gwy, o fewn ychydig filltiroedd i'w gilydd ar lethrau Pumlumon Fawr.

Meirionnydd
It is possible to drive the width of Wales here, from Cardigan Bay to England, in a couple of hours. Cultivated farming country alternates with remote and barren moorland, devoid of settlement for many miles. Explore Cwm Rheidol or Cwm Ystwyth and wonder at the determination of the people who lived by farming, and mining minerals, in these remote places.
Photographer, Jeremy Moore.

Meirionnydd
Mae'n bosib gyrru ar draws Cymru yn y fan yma, o Fae Ceredigion i Loegr , a hynny o fewn ychydig oriau. Gwelir tir ffermio wedi'i drin am yn ail â gweundir anial, diarffordd heb fod arno arwydd o bresenoldeb dyn am filltiroedd lawer. Teithiwch ar hyd Cwm Rheidol neu Gwm Ystwyth a rhyfeddwch at ddycnwch a phenderfyniad y bobl a oedd yn byw drwy ffermio a mwyngloddio yn y mannau diarffordd hyn.
Ffotograffydd, Jeremy Moore.

Elan Valley
Dominated by its impressive dam, this is one of several valleys in mid Wales where forestry and the supply of water are important activities. Seek out nature reserves, picnic sites and walking trails along the shores of the reservoirs, and in surrounding forests.
Photographer, Chris Warren.

Cwm Elan
Dan drem ei argae mawreddog, mae hwn yn un o nifer o ddyffrynnoedd yng nghanolbarth Cymru lle mae coedwigaeth a chyflenwi dŵr yn weithgareddau pwysig. Ewch i chwilio am y gwarchodfeydd natur, y safleoedd picnic a'r llwybrau cerdded ar hyd glannau'r cronfeydd ac yn y fforestydd o gwmpas.
Ffotograffydd, Chris Warren.

Red Kite
Wales's largest bird of prey, once considered a pest, was reduced to the last few pairs in Britain here. In recent decades, with conservationists guarding nests, it has regained territory in mid Wales – several hundred pairs are steadily extending their range. Visit feeding centres at Rhayader, Bwlch Nant yr Arian (near Ponterwyd) or Tregaron to witness the supremely graceful flying skills of these remarkable birds, with their 5ft wingspan and long, forked tails.
Photographer, Jeremy Moore,

Y Barcud
Ar un adeg, nid oedd ond ychydig barau o'r aderyn hwn, y barcud, ar ôl ym Mhrydain. Y barcud yw aderyn ysglyfaethus mwyaf Cymru – fe'i hystyrid yn bla ar un adeg. Ond yn y degawdau diwethaf, â chadwraethwyr yn gwarchod nythod, mae wedi adennill tir yng nghanolbarth Cymru ac erbyn hyn mae rhai cannoedd o barau yn graddol fagu hyder ac yn mentro ymhellach. Ymwelwch â chanolfannau bwydo yn Rhaeadr, Bwlch Nant yr Arian (ger Ponterwyd) neu Dregaron i chi gael sylwi ar sgiliau hedfan eithriadol yr adar rhyfeddol hyn â'u lled esgyll 5 troedfedd a'u cynffonnau fforchiog, hir.
Ffotograffwyr, Jeremy Moore,

From Aberystwyth to rural villages, Ceredigion has a strongly Welsh character. Established as a principality in the 5th century, it is named after Prince Ceredig – son of Cunedda, founder of Gwynedd to the north.

Yn Aberystwyth ac yn ei phentrefi gwledig, mae gan Geredigion ei chymeriad Cymraeg cryf. Cafodd ei sefydlu'n dywysogaeth yn y 5ed ganrif ac mae wedi'i henwi ar ôl y tywysog Ceredig – mab Cunedda, sefydlydd Gwynedd yn y gogledd.

Ynyslas
Cardigan Bay was the UK's first Marine Heritage Coast, and has Special Area of Conservation status. These sand dunes at Ynyslas support seven species of orchid and are part of the Dyfi nature reserve, an important wintering site for wildfowl. The Ceredigion coast has everything from deserted sandy coves to bustling harbours of enormous character – with waterfront restaurants, welcoming hotels and guest houses, thriving yacht clubs and dolphin-spotting trips.
Photographer, Dave Newbould.

Ynyslas
Bae Ceredigion oedd Arfordir Treftadaeth Forol cyntaf y DU, ac mae ganddo statws Ardal Gadwraeth Arbennig. Mae'r twyni tywod hyn yn Ynyslas yn cynnal saith math o degeirian ac maent yn rhan o warchodfa natur y Ddyfi, safle pwysig i adar dŵr borthi dros y gaeaf.
Ar arfordir Ceredigion ceir popeth o draethau tywod bychain, gwag i borthladdoedd prysur yn llawn cymeriad – ceir yno hefyd dai bwyta glan y môr, gwestai croesawgar bach a mawr, clybiau hwylio llewyrchus a theithiau ar y dŵr i geisio gweld y dolffiniaid.
Ffotograffydd, Dave Newbould.

Borth, submerged forest
These remains of trees, revealed by the lowest tides, are evidence of change in the relative levels of land and sea. Cardigan Bay's three mysterious causeways, celebrated in legend as roadways to lost lands beneath the sea, are in fact moraines – lines of rock deposited by glaciers. Consult tide tables, or seek guidance locally, if you wish to follow the falling tide out to the submerged forest off Borth – head back to shore well before the tide turns.
Photographer, Jeremy Moore.

Borth, fforest danfor
Mae olion coed, a welir pan fydd y môr fwyaf ar drai, yn dangos sut y bu i lefelau cymharol y tir a'r dŵr newid. Mae tair sarn ryfedd Bae Ceredigion, y clywir amdanynt mewn chwedlau, yn ffyrdd tramwy i diroedd coll o dan y môr, yn farianau mewn gwirionedd – llinellau o gerrig wedi'u dyddodi gan rewlifoedd. Edrychwch ar dablau llanw'r môr neu gofynnwch am gymorth yn lleol os ydych yn dymuno dilyn y môr ar drai allan i'r fforest danfor ger Borth – gwnewch eich ffordd yn ôl i'r lan mewn pryd cyn i'r llanw droi.
Ffotograffydd, Jeremy Moore.

Borth, organic farming
Many farmers in Wales opt to grow organic produce, often forming co-operative ventures to reach their customers. There are local agricultural shows throughout Wales during the summer months, with stands selling fine produce.
Photographer, Jeremy Moore.

Borth, ffermio organig
Mae llawer o ffermwyr yng Nghymru'n dewis tyfu cynnyrch o ansawdd uchel drwy ddefnyddio dulliau organig, gan ffurfio mentrau cydweithredol er mwyn cyrraedd eu cwsmeriaid. Mae sioeau amaethyddol lleol ar hyd a lled Cymru yn ystod misoedd yr haf ac ynddynt mae stondinau'n gwerthu nwyddau gwerth eu prynu.
Ffotograffydd, Jeremy Moore.

Aberystwyth
With its population swollen during term time, the university town of Aberystwyth – alongside Bangor, Wrexham, Lampeter, Swansea, Cardiff and Newport – engages in a significant Welsh industry, that of learning. Visit the exhibitions of maps and manuscripts at the National Library of Wales, to see how our relationship with the landscape has evolved over many centuries.
Photographer, Dave Newbould.

Aberystwyth
Mae tref brifysgol Aberystwyth, sydd â'i phoblogaeth wedi'i chwyddo yn ystod y tymor, ynghyd â Bangor, Wrecsam, Llanbedr Pont Steffan, Abertawe, Caerdydd a Chasnewydd, yn rhan o ddiwydiant Cymreig sylweddol, sef dysgu. Ymwelwch â'r arddangosfeydd o fapiau a llawysgrifau yn Llyfrgell Genedlaethol Cymru, i chi gael gweld sut yr esblygodd ein perthynas â'r tirlun dros ganrifoedd lawer.
Ffotograffydd, Dave Newbould.

Llyn Brianne
Inland Ceredigion provides wonderful opportunities to unwind in spacious countryside. In times gone by, the inhabitants of these hills used to make their way every Sunday, on foot or on horseback, to the remote chapel of Soar y Mynydd, where services are still occasionally held. Learn why the Romans built a road through this part of Wales at the Dolau Cothi gold mines, near Lampeter, and see Welsh gold being worked into Celtic designs at the Welsh Gold Centre, Tregaron. Photographer, Neil Turner.

Llyn Brianne
Mae Ceredigion mewndirol yn cynnig cyfleoedd rhagorol i ymlacio yn ehangder cefn gwlad. Yn y dyddiau a fu, byddai trigolion y bryniau hyn yn gwneud eu ffordd bob Sul ar droed neu ar gefn ceffyl i gapel diarffordd Soar y Mynydd, lle y cynhelir gwasanaeth o hyd ambell waith. Dysgwch pam yr adeiladodd y Rhufeiniaid heol drwy'r rhan hon o Gymru drwy ymweld â phyllau aur Dolau Cothi ger Llanbedr Pont Steffan, ac ewch i weld aur Cymru yn cael ei weithio i ffurfio patrymau Celtaidd yn y Ganolfan Geltaidd yn Nhregaron lle mae Canolfan Aur Cymru. Ffotograffydd, Neil Turner.

Bwlch Nant yr Arian
The Forest Visitor Centre at Bwlch Nant yr Arian, near Ponterwyd, is a good place to learn about wildlife and to watch Red Kites, which are fed here daily. Two waymarked walks, beginning at the visitor centre, give views of the Rheidol and Melindwr valleys – and of Plynlimon, the highest mountain in mid Wales. Photographer, Jeremy Moore.

Bwlch Nant yr Arian
Mae Canolfan Ymwelwyr y Fforest ym Mwlch Nant yr Arian, ger Ponterwyd, yn lle da i ddysgu am fywyd gwyllt ac i wylio'r Barcudiaid, sy'n cael eu bwydo yma bob dydd. Mae dau lwybr wedi'u cyfeirbwyntio yno, sy'n dechrau wrth y ganolfan ymwelwyr, yn cynnig golygfeydd o gymoedd Rheidol a Melindwr – ac o Bumlumon, mynydd uchaf canolbarth Cymru. Ffotograffydd, Jeremy Moore.

Brecon Beacons Bannau Brycheiniog

The distinctive summits of the Brecon Beacons tower over the valleys and pasturelands of Wales's second-largest national park. This landscape of rock, moorland, rivers and waterfalls is within easy reach of Cardiff and Swansea.

Mae copaon nodweddiadol Bannau Brycheiniog i'w gweld yn fawr ac yn uchel dros gymoedd a thiroedd pori parc cenedlaethol ail fwyaf Cymru. Mae'r tirwedd hwn o graig, gweundir, afon a sgwd yn hawdd ei gyrraedd o Gaerdydd ac o Abertawe.

Upland Farm
Farming has shaped this land since mankind progressed from being a hunter-gatherer to keeping animals and growing crops. Local produce includes Welsh beef and lamb, salmon, game, honey, cider, cheese and pure, crystal-clear water piped from far underground. Taste and buy good food at the farmers' market held in Brecon each month – or visit the Royal Welsh Agricultural Show in Builth Wells during July.
Photographer, Harry Williams.

Un o ffermydd yr uwchdiroedd
Ffermio sydd wedi rhoi ei ffurf i'r tirwedd hwn oddi ar i ddyn ddatblygu o fod yn heliwr-gasglwr i fod yn un a gadwai anifeiliaid a thyfu cnydau. Mae'r cynnyrch lleol yn cynnwys cig eidion a chig oen Cymru, eog, helfilod, mêl, seidr, caws a dŵr pur, clir fel grisial wedi'i dynnu'n ddwfn o'r ddaear. Profwch a phrynwch fwyd da ym marchnad y ffermwyr a gynhelir yn Aberhonddu bob mis – neu ymwelwch â Sioe Amaethyddol Frenhinol Cymru yn Llanelwedd yn ystod mis Gorffennaf.
Ffotograffydd, Harry Williams.

Llangorse Lake Pages 86/87
Water-based activities in the park include sailing and windsurfing on Llangorse Lake, cruising the Monmouth and Brecon Canal, and reservoir fishing at several locations. Enjoy a relaxing walk around Llangorse Lake, from the car park near the sailing club – the bird life is especially rich in the reed beds and water meadows.
Photographer, Jeremy Moore.

Llyn Syfaddan Tudalennau 86/87
Mae gweithgareddau dŵr yn y parc yn cynnwys hwylio a bordhwylio ar Lyn Syfaddan, teithio'n hamddenol mewn cwch ar hyd camlas Aberhonddu a Mynwy, a physgota ar lan cronfa ddŵr mewn sawl lleoliad. Mwynhewch gerdded yn hamddenol o gwmpas Llyn Syfaddan, o'r maes parcio ger y clwb hwylio – mae llawer o adar yma yn y gwelyau cors a'r dolydd dŵr.
Ffotograffydd, Jeremy Moore.

Sledging
Winter is a great time to visit – not only for committed mountaineers, but for families keen to enjoy accessible sledging without having to trek too far from the car parks. The A470, the main north-south road through Wales, traverses the national park and is usually kept clear even when the mountains are glistening under fresh snow.
Photographer, Billy Stock.

Sledio
Mae'r gaeaf yn amser da i ymweld, nid yn unig i ddringwyr ymroddedig, ond hefyd i deuluoedd sy'n awyddus i fwynhau sledio hygyrch heb fod yn gorfod ymlwybro'n rhy bell o'r meysydd parcio. Mae'r A470, y briffordd rhwng de a gogledd Cymru, yn croesi'r parc cenedlaethol ac fe'i cedwir yn glir fel arfer hyd yn oed pan fydd y mynyddoedd yn ddisglair o dan eira newydd.
Ffotograffydd, Billy Stock.

Waun Rydd
Walking, climbing and pot-holing are popular in the Brecon Beacons, and the intimidating hills and boggy moorlands have a well-deserved reputation as the toughest of military training areas. Call at the Brecon Beacons visitor centre, near Libanus, for details of outdoor activities.
Photographer, Graham Morley.

Waun Rydd
Mae cerdded, dringo ac ogofa yn boblogaidd ac mae gan y bryniau bygythiol a'r gweundiroedd corsiog enw haeddiannol am fod gyda'r llymaf o'r ardaloedd hyfforddi milwrol. Galwch heibio i ganolfan ymwelwyr Bannau Brycheiniog ger Libanus, i gael manylion am weithgareddau awyr agored.
Ffotograffydd, Graham Morley.

Family friendly
Less strenuous options include the Brecon Mountain Railway, the Dan yr Ogof caves, pony trekking or communing with nature in any of a thousand magical spots. Get your bearings in the visitor centre at Craig y Nos Country Park in the upper Swansea Valley, in surroundings that were home to 19th-century opera star Adelina Patti.
Photographer, Steve Benbow.

Yn croesawu teuluoedd
Ymhlith yr opsiynau llai egnïol mae'r rheilffordd fynydd, ogofâu Dan yr Ogof, merlota neu gymuno â natur yn unrhyw un o fil o lecynnau hudolus yr ardal. I ddod i adnabod yr ardal ewch i ganolfan ymwelwyr Parc Gwledig Craig y Nos yng Nghwm Tawe uchaf, yn y lle a oedd yn gartref i'r seren opera Adelina Patti yn y 19eg ganrif.
Ffotograffydd, Steve Benbow.

Talybont Reservoir
The changing seasons reward repeated visits – to experience fresh spring foliage, the lushness of summer and that first chill hint of autumn when, from the high ridges, you can see fifty miles in the clear air. From the A40 east of Brecon, take the B4558 for views of the Brecon Beacons and Usk Valley from Llanfrynach, Talybont-on-Usk and Crickhowell. Be sure to see, but take care crossing, the extremely narrow packhorse bridge over the Usk at Llangynidr.
Photographer, Graham Morley.

Cronfa ddŵr Talybont
Mae newid y tymhorau'n haeddu mwy nag un ymweliad â'r fan hon – i gael profi irder dail y gwanwyn, gwyrddlesni'r haf a naws fach oer gyntaf yr hydref, pryd y gallwch weld hanner can milltir o'ch blaen o'r cefnennau uchel yn yr awyr glir. O'r A40 i'r dwyrain o Aberhonddu, trowch ar y B4558 i chi gael golygfeydd o Fannau Brycheiniog a Dyffryn Wysg o Lanfrynach, Talybont-ar-Wysg a Chrucywel. Mynnwch weld pont hynod o gul y ceffylau pwn ar draws y Wysg yn Llangynidr, ond cymerwch bwyll wrth groesi.
Ffotograffydd, Graham Morley.

Brecon Jazz Festival
Held each August, this major festival sees Brecon pulsating to the sound of jazz. The region also has country shows, food festivals, sheepdog trials and horse fairs – details from tourist information centres.
Photographer, Brian Woods.

Gŵyl Jazz Aberhonddu
Yn ystod yr ŵyl bwysig hon, a gynhelir bob mis Awst, gwelir Aberhonddu'n symud i sŵn jazz. Yn yr ardal hon hefyd mae sioeau gwledig, gwyliau bwyd, treialon cŵn defaid a sioeau ceffylau – ceir manylion yn y canolfannau croeso.
Ffotograffydd, Brian Woods.

Wales is bounded by the sea on three sides and by a change in terrain from upland to lowland along the fourth. The border with England was set by the Saxon King Offa of Mercia in the 8th century and has remained much the same ever since.

Mae Cymru wedi'i hamgylchynu ar dair ochr gan y môr ac ar hyd y bedwaredd gan dir a newidiodd o fod yn uwchdir i fod yn iseldir. Gosodwyd y ffin â Lloegr gan y Brenin Sacsonaidd Offa o Fersia yn yr 8fed ganrif ac mae'r ffin honno wedi aros lle y mae i raddau helaeth oddi ar hynny.

Glyndŵr Way
Charismatic leader Owain Glyndŵr united much of Wales between 1400 and 1410. A long-distance footpath links Machynlleth, where he held his parliament, and Sycharth – near Welshpool – where he came to prominence as a landowning chieftain. Pick up a trail leaflet and walk part of the Glyndŵr Way.
Photographer, Jeremy Moore.

Ffordd Glyndŵr
Bu i'r arweinydd carismataidd Owain Glyndŵr uno rhannau helaeth o Gymru rhwng 1400 a 1410. Mae llwybr troed hir yn cysylltu Machynlleth, lle roedd ei senedd, a Sycharth – ger y Trallwng – lle y daeth i'r brig yn dirfeddiannwr o uchelwr dylanwadol. Codwch un o'r taflenni llwybr a cherddwch ar hyd rhan o Ffordd Glyndŵr.
Ffotograffydd, Jeremy Moore.

River Wye
Far from their origins on Plynlimon Fawr, the Severn and Wye, our longest rivers, meander through Powys then head off into England for a while – before eventually finding the sea at the south-eastern corner of Wales. Visit any of the attractive river towns – Newtown, Welshpool, Monmouth or Chepstow – to sense their importance as commercial and administrative centres for the rural hinterland. Photographer, Jeremy Moore.

Afon Gwy
Mae ein hafonydd hiraf, yr Hafren a'r Gwy, yn ymdroelli drwy Bowys ymhell o'u tarddleoedd ar Bumlumon Fawr, ac yna i ffwrdd â nhw i Loegr am dipyn cyn cael hyd i'r môr yn y diwedd yng nghornel de-ddwyreiniol Cymru. Ymwelwch ag unrhyw un o'r trefi glan yr afon deniadol – Y Drenewydd, Y Trallwng, Trefynwy neu Gas-gwent – i chi gael teimlo bwysiced ydynt yn ganolfannau masnachol a gweinyddol eu dalgylchoedd gwledig. Ffotograffydd, Jeremy Moore.

Montgomery
The miniature towns of Montgomery, Knighton and Presteigne have changed little since the squire and the parson trod their narrow streets and quaint squares. Walk up to Montgomery's elevated castle, for wide views over the town and countryside – or visit the Offa's Dyke centre in Knighton and tackle a section of the long-distance path.
Photographers, Janet and Colin Bord.

Trefaldwyn
Mae trefi bychain Trefaldwyn, Trefyclo a Llanandras heb newid fawr o gwbl oddi ar y cyfnod y gwelid y sgweier a pherson y plwyf yn cerdded ar hyd eu strydoedd cul ac o gwmpas eu hen sgwariau anarferol. Cerddwch i fyny'r rhiw i gastell Trefaldwyn lle y ceir golygfeydd eang dros y dref a'r wlad o amgylch, neu ymwelwch â chanolfan Clawdd Offa yn Nhrefyclo a cheisiwch gerdded ar hyd rhan o'r llwybr hir.
Ffotograffwyr, Janet a Colin Bord.

Hay Festival of Literature
Hay-on-Wye, the town of books, hosts its prestigious literary gathering in May, and has the world's highest concentration of bookstores. Join the authors, bookworms and glitterati who congregate at the festival – or call by at any time to visit the bookshops and excellent craft centre.
Photographer, David Williams.

Gŵyl Lenyddol y Gelli
Ym mis Mai bydd pobl yn ymgynnull yn y Gelli, tref y llyfrau, ar gyfer ei gŵyl lenyddol bwysig. Yn y Gelli ceir y crynhoad mwyaf o siopau llyfrau a welir yn yr un lle yn unman yn y byd. Ymunwch â'r awduron, y llyfrbryfed a'r enwogion sy'n ymgynnull yn yr ŵyl, neu galwch heibio rywbryd i ymweld â'r siopau llyfrau a'r ganolfan grefftau ragorol.
Ffotograffydd, David Williams.

Powis Castle
The formal terraces and sculpted gardens of Powis Castle, near Welshpool, are of the highest horticultural and historical importance. The medieval castle perched above them has some of the finest paintings and furniture in Wales, including treasures brought back by Clive of India. Visit this outstanding National Trust property between April and November – details of opening times and special events from tourist information centres or the trust's website.
Photographer, Chris Warren.

Castell Powis
Mae terasau ffurfiol a gerddi lluniedig Castell Powis ger y Trallwng o'r pwys mwyaf yn hanesyddol ac yn arddwriaethol. Yn y castell canoloesol a saif uwch eu pen mae rhai o'r darluniau a'r celfi mwyaf cain yng Nghymru ac yn eu plith mae trysorau a ddaeth Clive o India 'nôl gydag ef. Ymwelwch â'r adeilad a'r gerddi hyn, sy'n berchen i'r Ymddiriedolaeth Genedlaethol, rhwng Ebrill a Thachwedd – mae manylion amseroedd agor a digwyddiadau arbennig ar gael yn y canolfannau croeso ac ar wefan yr ymddiriedolaeth.
Ffotograffydd, Chris Warren.

Powis Castle
Grapes are grown at several locations in Wales, and made into award-winning wines. It is said that the Romans brought over the first vines, and planted them on south-facing slopes. At food festivals, agricultural shows and specialist shops, be sure to seek out Welsh wines and spirits – and the honey mead that once fortified Celtic warriors.
Photographer, John Kinsey.

Castell Powis
Tyfir grawnwin mewn sawl lleoliad yng Nghymru a'u troi'n winoedd sydd wedi ennill gwobrau. Dywedir mai'r Rhufeiniaid a ddaeth â'r gwinwydd cyntaf i'r wlad hon gan eu plannu ar lethrau a wynebai tua'r de. Yn y gwyliau bwyd, y sioeau amaethyddol a'r siopau arbenigol, gwnewch yn siwr eich bod yn chwilio am winoedd a gwirodydd Cymru – a'r medd o fêl a fu unwaith yn gynhaliaeth i ryfelwyr Celtaidd.
Ffotograffydd, John Kinsey.

Black Mountains Y Mynyddoedd Duon

The Black Mountains are a distinct range of rounded hills and ridges in the eastern part of the Brecon Beacons National Park. Sheltered valleys of unexpected remoteness and tranquillity contrast with the heathland above.

Mae'r Mynyddoedd Duon yn gadwyn nodweddiadol o fryniau a chefnennau llyfngrwn yn rhannau dwyreiniol parc cenedlaethol Bannau Brycheiniog. Mae cymoedd cysgodol annisgwyl o ddiarffordd a llonydd yn cyferbynnu â'r gweundir uwch eu pen.

Abergavenny
Skilled producers have made Abergavenny famous as a centre of excellence for food. Top-quality produce is displayed to sumptuous effect at the large covered market, and in numerous independent shops. Visit Abergavenny in September for the food festival – or at any time of year for the specialised food shops and gourmet restaurants that characterise this region of discerning tastes.
Photographer, Graham Morley.

Y Fenni
Mae cynhyrchwyr dawnus wedi troi'r Fenni yn ganolfan adnabyddus sy'n rhagori oherwydd safon ei bwyd. Bydd cynnyrch o'r ansawdd gorau yn cael ei arddangos mewn modd helaethwych yn y farchnad fawr dan do, ac yn y siopau annibynnol niferus. Ymwelwch â'r Fenni ym mis Medi ar gyfer yr ŵyl fwyd – neu ar unrhyw adeg o'r flwyddyn er mwyn cael ymweld â'r siopau bwyd arbenigol a'r tai bwyta *gourmet* sy'n nodweddu'r ardal hon o fwydydd dethol.
Ffotograffydd, Graham Morley.

Vale of Ewyas
The Black Mountains, although a serious challenge for walkers, are less barren than the central Brecon Beacons. The Vale of Ewyas – on their eastern edge, bordering England – is a hidden gem. From Llanvihangel Crucorney, take a minor road to Llanthony Priory and continue along a narrow and steepening lane past Capel-y-ffin and over the spectacular Gospel Pass to Hay-on-Wye – it's best to avoid busy weekends.
Photographer, Jeremy Moore.

Dyffryn Euas
Er eu bod yn cynnig tipyn o her i gerddwyr, mae'r Mynyddoedd Duon yn llai anial na chanol Bannau Brycheiniog. Mae Dyffryn Euas – ar odre dwyreiniol y Mynyddoedd Duon, sy'n ffinio Lloegr – yn drysor cudd. O Lanfihangel Crucornau, cymerwch y ffordd fach i Landdewi Nant Hodni a pharhewch i deithio ar hyd y lôn gul fydd yn mynd yn serthach, heibio i Gapel-y-ffin a thros y Bwlch yr Efengyl i'r Gelli – mae'n well osgoi mynd ar benwythnosau prysur.
Ffotograffydd, Jeremy Moore.

Llanthony Priory
Hidden away in the Vale of Ewyas, Llanthony Priory is a place of such pervading sanctity that medieval traveller Giraldus Cambrensis felt moved to state that nowhere is 'more truly calculated for religion'. A network of marked footpaths radiates from Llanthony Priory – the energetic might like to climb to the summit of Bal Mawr (1,990 ft) for fine views of the neighbouring Grwyne Fawr valley.
Photographer, Harry Williams.

Llanddewi Nant Hodni
Mae Llanddewi Nant Hodni, wedi'i guddio yn Nyffryn Euas, yn fan mor gwbl gysegredig nes y peri'r teithiwr canoloesol Gerallt Gymro i ddweud nad oedd unman yn 'wirioneddol gymhwysach ar gyfer crefydd'. Mae rhwydwaith o lwybrau troed wedi'u marcio yn ymestyn o Briordy Llanddewi – mae'n bosib y byddai'r egnïol am ddringo i gopa Bal Mawr (1,990tr) i gael gweld golygfeydd braf o ddyffryn Grwyne Fawr.
Ffotograffydd, Harry Williams.

Monmouth and Brecon Canal
A marvellous means of transport to find in a national park, this scenic canal once served the coal and iron industries. Canal cruisers are available for hire, while towpaths provide level walks and cycle rides – details from Goytre Wharf tourist information centre at Llanover, near Abergavenny.
Photographer, John Kinsey.

Camlas Aberhonddu a Mynwy
Mae'r gamlas hon sy'n mynd drwy rannau prydferth o'r wlad yn ffordd ryfeddol o gael eich cludo mewn parc cenedlaethol. Bu'r gamlas hon ar un adeg yn gwasanaethu'r diwydiannau haearn a glo. Mae'n bosib llogi badau camlas a gellir cerdded ar hyd dir gwastad y llwybrau halio a seiclo arnynt hefyd – manylion oddi wrth ganolfan groeso Cei Goetre yn Llanofer ger y Fenni.
Ffotograffydd, John Kinsey.

Food for the soul
The Skirrid Inn, said to be one of the oldest in Wales, and the legendary Walnut Tree restaurant are just two of many places hereabouts where good food and great atmosphere combine. The Taste of Wales scheme promotes excellence in the preparation and presentation of Welsh produce – look for the logo that identifies members.
Photographer, Neil Turner.

Ymborth i'r enaid
Mae Tafarn yr Ysgyryd, yr honnir ei bod yn un o'r hynaf yng Nghymru, a thŷ bwyta dihafal y Walnut Tree ond yn ddau o'r llu o leoedd yn y cyffiniau hyn lle y cyfunir bwyd da ag awyrgylch da. Mae'r cynllun Blas ar Gymru yn hyrwyddo rhagoriaeth wrth baratoi a chyflwyno cynnyrch Cymru – edrychwch am y logo sy'n dangos pwy sy'n perthyn i'r cynllun hwn.
Ffotograffydd, Neil Turner.

Photographer/Ffotograffydd, Jeff Morgan.

From the mid-19th century onward, a thousand square miles south of the Brecon Beacons became transformed by coal mining. These valleys have been made green once more by a massive government land reclamation programme, with new leisure centres, schools, housing, business and industry parks.

O ganol y 19eg ganrif ymlaen, trawsffurfiwyd mil o filltiroedd sgwâr i'r de o Fannau Brycheiniog gan y gwaith o gloddio am lo. Mae'r mannau gwyrdd wedi dychwelyd unwaith eto i'r cymoedd hyn o ganlyniad i raglen adennill tir enfawr y llywodraeth, ac mae yno ganolfannau hamdden, ysgolion, tai, busnesau a pharciau diwydiannol newydd.

Blaen-cwm, Rhondda Fawr
After 150 years of intense activity – Wales once supplied a third of the world's coal – these archetypal mining valleys are becoming green again. The only mine to survive the disappearance of the industry in recent decades, Tower Colliery, is beyond the ridge in the distance. Drive up the Rhondda Fawr valley from Pontypridd (A4058/4061) to the ridge above Hirwaun and Tower Colliery, then back down the Rhondda Fach from Aberdare (A4233) – through legendary mining towns including Treorchy, Treherbert, Maerdy, Ferndale and Llwynypia. Photographer, Neil Turner.

Blaen-cwm, Rhondda Fawr
Wedi 150 o flynyddoedd o weithgaredd dwys – ar un pryd Cymru oedd yn cyflenwi traean o lo'r byd – mae'r cymoedd glo nodweddiadol hyn yn troi'n wyrdd unwaith eto. Mae'r unig bwll glo i oroesi wedi i'r diwydiant ddod i ben yn y degawdau diwethaf, pwll glo'r Tower, i'w weld y tu draw i'r gefnen yn y pellter. Gyrrwch ar hyd ddyffryn y Rhondda Fawr o Bontypridd (A4058/4061) i'r gefnen uwchben Hirwaun a phwll glo'r Tower, ac yna yn ôl ar hyd y Rhondda Fach o Aberdâr (A4233) – drwy drefi pyllau glo a fu'n fyd-enwog gan gynnwys Treorci, Treherbert, Maerdy, Ferndale a Llwynypia. Ffotograffydd, Neil Turner.

Rhondda Valley
With their closely packed terraced houses, chapels and miners' institutes, the valley towns were a ferment of life and culture. The early 1900s saw a quarter of a million men working underground. Visit the great houses built by the coal and iron barons – the Marquis of Bute's incredible Gothic Revival fantasy at Cardiff Castle, and William Crawshay's solid Cyfarthfa Castle at Merthyr Tydfil. Photographer, Derek Rees.

Cwm Rhondda
Roedd y cymoedd a'u rhesi o dai teras, wedi'u hadeiladu'n agos agos at ei gilydd, eu capeli a'u canolfannau i'r glowyr yn arfer bod yn fwrlwm o fywyd a diwylliant. Yn gynnar yn y 1900au roedd chwarter miliwn o ddynion yn gweithio o dan ddaear. Ymwelwch â'r tai mawrion a godwyd gan y meistri haearn a glo – ffantasi Adfywiad Gothig anhygoel yr Ardalydd Bute yng Nghastell Caerdydd, a chastell cadarn Cyfarthfa William Crawshay ym Merthyr Tudful. Ffotograffydd, Derek Rees.

Blaenavon
The hills around Blaenavon's Big Pit mining museum provided all the ingredients for iron making – iron ore, coal and limestone. There, and at the Rhondda Heritage Park near Pontypridd, the pithead winding gear stands as a monument to those who risked their lives below. The Blaenavon Industrial Landscape is a UNESCO World Heritage Site - join a former miner for an underground tour of Big Pit and visit the ironworks, built in 1788, which supplied the Industrial Revolution. Photographer, Ken Dickinson.

Blaenafon
Roedd y bryniau o gwmpas amgueddfa lofaol Pwll Mawr Blaenafon yn darparu popeth y byddai ei angen ar gyfer gwneud haearn – y mwyn haearn, y glo a'r galchfaen. Yno ac ym Mharc Treftadaeth y Rhondda ger Pontypridd saif olwynion codi pen-pwll yn gofeb i'r rheiny a beryglodd eu bywydau dan ddaear. Mae Tirwedd Diwydiannol Blaenafon yn Safle Treftadaeth Byd UNESCO – ymunwch â chyn-löwr i gael mynd ar daith i'r Pwll Mawr ac ymwelwch â'r gwaith haearn a adeiladwyd yn 1788 i gyflenwi anghenion y Chwyldro Diwydiannol. Ffotograffydd, Ken Dickinson.

Caerphilly Castle
Built by Gilbert de Clare in the late 13th century, Caerphilly Castle is an excellent example of walls-within-walls defences. This splendidly moated fortress, the largest in Wales, has a fine banqueting hall and a tower that leans more than that of Pisa. Try to catch one of the battle re-enactment days, when armour glints, swords clash and replicas of Roman catapults and medieval siege engines are demonstrated.
Photographer, Chris Warren.

Castell Caerffili
Mae castell Caerffili, a adeiladwyd gan Gilbert de Clare ar ddiwedd y 13eg ganrif, yn enghraifft wych o amddiffynfa muriau-o-fewn-muriau. Yn y gaer ffosedig, ysblennydd hon, y fwyaf yng Nghymru, mae neuadd wledda braf iawn a thŵr sy'n gogwyddo mwy na Thŵr Pisa. Ceisiwch fod yno ar un o'r diwrnodau ail-greu brwydrau pryd y bydd arfwisgoedd yn fflachio, cleddyfau'n taro yn erbyn ei gilydd a chopïau o offer taflu Rhufeinig a pheiriannau gwarchae canoloesol yn cael eu defnyddio.
Ffotograffydd, Chris Warren.

Teifi Valley and inland Pembrokeshire Dyffryn Teifi a Sir Benfro fewndirol

The River Teifi flows along a valley of great beauty from the Teifi Pools, near Strata Florida Abbey, to the sea at Aberteifi – Cardigan. For much of its length, it forms a natural boundary between Ceredigion and Pembrokeshire.

Mae afon Teifi'n llifo ar hyd dyffryn hardd dros ben o Lynnoedd Teifi, ger abaty Ystrad Fflur, i'r môr yn Aberteifi. Mae rhan helaeth o'r afon yn ffurfio ffin naturiol rhwng Ceredigion a Sir Benfro.

Preseli Hills
Modest in altitude but full of mystery, the Preseli Hills of Pembrokeshire are said to hide the gateway to the Celtic underworld, Annwn, and to have provided the bluestone megaliths for Stonehenge. Visit the reconstructed Iron Age settlement at Castell Henllys, to learn about our Celtic ancestors. Photographer, Aled Hughes.

Mynyddoedd y Preseli
Er nad ydynt ond yn gymharol uchel, maent yn llawn o ddirgelwch a dywedir bod mynyddoedd y Preseli yn Sir Benfro'n cuddio'r fynedfa i Annwn, yr isfyd Celtaidd. O'r Preseli hefyd, y cred rhai y daeth y cerrig gleision anferth ar gyfer Côr y Cewri. Ymwelwch â'r anheddiad Oes yr Haearn sydd wedi'i ail greu yng Nghastell Henllys, i gael dysgu am ein cyndeidiau Celtaidd. Ffotograffydd, Aled Hughes.

Pembrokeshire farmland
Much of northern Pembrokeshire is covered by an intricate pattern of small fields dovetailed between rocks and hard places. In the Gwaun Valley, the old Julian calendar is still used – giving a great excuse to extend the New Year celebrations by a couple of weeks. From Fishguard, feel time seemingly running backwards as you follow the valley of the river Gwaun inland, through the Preseli Hills.
Photographer, Jeremy Moore.

Tir amaeth yn Sir Benfro
Mae llawer rhan o ogledd Sir Benfro yn batrwm cymhleth o gaeau bychain yn plethu rhwng creigiau a mannau caled. Yng nghwm Gwaun, defnyddir yr hen galendr Iŵl. Mae hyn yn rhoi digon o esgus i ymestyn y dathliadau Blwyddyn Newydd am ychydig o wythnosau. O Abergwaun, profwch yr ymdeimlad fod amser fel petai'n rhedeg tuag yn ôl wrth i chi ddilyn cwm afon Gwaun i mewn i'r wlad drwy fynyddoedd y Preseli.
Ffotograffydd, Jeremy Moore.

Pentre Ifan
Pembrokeshire has many Neolithic sites – the sea was both a food source and a highway for the early inhabitants of Wales. The capstone of the Pentre Ifan burial chamber, supported on pointed stone pillars, is around 13ft long. Seek out the cromlechs (stone monuments) at Pentre Ifan and Carreg Sampson, near Abercastle, built some 5,000 years ago.
Photographer, Chris Warren.

Pentre Ifan
Mae llawer o safleoedd Neolithig yn Sir Benfro – roedd y môr yn darparu bwyd ac yn dramwyfa i drigolion cynnar Cymru. Mae maen capan siambr gladdu Pentre Ifan, sy'n cael ei gynnal ar bileri cerrig miniog, tua 13tr o hyd. Chwiliwch am y cromlechi (cofebion cerrig) ym Mhentre Ifan a Charreg Samson, ger Abercastell, a adeiladwyd tua 5,000 o flynyddoedd yn ôl.
Ffotograffydd, Chris Warren.

Rocks of Ages
This is an immensely ancient landscape. All the rocks underlying Pembrokeshire date back at least 300 million years, mostly to the Palaeozoic Era – although some pre-Cambrian outcrops are 1,000 million years old. Walk up Garn Fawr near Pwll Deri, or Carn Ingli near Newport, to see remains of Iron Age hill settlements among the jumbled rocks.
Photographer, Aled Hughes.

Creigiau'r Oesoedd
Mae'r tirwedd hwn yn hynafol dros ben. Mae'r creigiau i gyd sydd o dan Sir Benfro o leiaf 300 miliwn o flynyddoedd oed, ac yn perthyn gan mwyaf i'r Cyfnod Paleosöig – er bod rhai brigiadau cyn-Gambriaidd yn 1,000 miliwn o flynyddoedd oed. Cerddwch i fyny'r Garn Fawr ger Pwll Deri, neu Garn Ingli ger Trefdraeth, i weld olion aneddiadau bryn o'r Oes Haearn ymhlith y creigiau sydd blith draphlith â'i gilydd.
Ffotograffydd, Aled Hughes.

Cenarth
Primitive coracles – easily carried, one-man wicker craft covered in tarred canvas – are still used, and even raced, on the Teifi. This is one of Wales's best fishing rivers, especially for sewin – sea trout. The old watermill at Cenarth Falls, west of Newcastle Emlyn, contains a museum – with displays explaining traditional fishing methods.
Photographer, Rob Stratton.

Cenarth
Defnyddir cwryglau cyntefig – cychod gwiail undyn wedi'u gorchuddio â chynfas tar, ac sy'n hawdd eu cario – ar y Teifi o hyd a cheir rasio cwryglau weithiau hefyd. Dyma un o afonydd pysgota gorau Cymru, yn enwedig ar gyfer siwin – brithyll môr. Mae amgueddfa yn yr hen felin ddŵr yng Nghenarth i'r gorllewin o Gastell Newydd Emlyn a gwelir yno arddangosfeydd yn egluro dulliau traddodiadol o bysgota.
Ffotograffydd, Rob Stratton.

Pembrokeshire Coast Arfordir Sir Benfro

Pembrokeshire has the only coastline in Wales, or England, to be designated a national park on account of its natural history and geological features.
The 186-mile Pembrokeshire Coast Path passes picturesque harbours, broad sandy bays, rocky coves and fascinating cliff formations.

Yn Sir Benfro mae'r unig arfordir yng Nghymru neu yn Lloegr a ddynodwyd yn barc cenedlaethol oherwydd y bywyd natur a welir yno a'i nodweddion daearegol.
Mae Llwybr Arfordir Sir Benfro, sy'n 186 o filltiroedd o hyd, yn mynd heibio i borthladdoedd prydferth, traethau tywod eang, traethau bychain caregog a ffurfiannau rhyfeddol yn y creigiau.

Skomer
The island of Skomer is a nature reserve managed by Wildlife Trust West Wales. It has important populations of seabirds – including Manx shearwater, storm petrel, puffin, guillemot, razorbill and kittiwake – spring and early summer are the best times to see them. Take the seasonal ferry service to Skomer from Martin Haven. Keen birdwatchers stay overnight, to see storm petrels and vast colonies of Manx shearwater at their nesting burrows.
Photographer, Andrew Davies.

Sgomer
Mae ynys Sgomer yn warchodfa natur a reolir gan Ymddiriedolaeth Bywyd Gwyllt Gorllewin Cymru. Mae yno boblogaethau pwysig o adar môr gan gynnwys palod Manaw, adar drycin, palod, gwylogod, llursod a gwylanod coesddu – y gwanwyn a dechrau'r haf yw'r adegau gorau i'w gweld. Cymerwch y gwasanaeth fferi tymhorol i Sgomer o Martin Haven. Bydd gwylwyr adar brwd yn aros dros nos i gael gweld yr adar drycin a'r nythfeydd enfawr o balod Manaw yn eu mannau nythu.
Ffotograffydd, Andrew Davies.

Puffin
These entertaining birds nest in colonies on Skokholm and Skomer from April to July – and spend the rest of the year at sea. Limited access to Skokholm, including overnight stays, is administered by the Wildlife Trust West Wales.
Photographer, Andrew Davies.

Palod
Mae'r adar difyr hyn yn nythu mewn nythfeydd ar Sgogwm a Sgomer o fis Ebrill hyd fis Gorffennaf – ac yn treulio gweddill y flwyddyn allan ar y môr. Mae'r mynediad i Sgogwm, gan gynnwys aros dros nos, sy'n cael ei gyfyngu, yn cael ei weinyddu gan Ymddiriedolaeth Bywyd Gwyllt Gorllewin Cymru.
Ffotograffydd, Andrew Davies.

Marloes Sands
This is one of Pembrokeshire's most beautiful beaches. There are fascinating rock formations at Three Chimneys – where tilted bands of sandstone and mudstone have been eroded at different rates, to great effect. From the National Trust car park at Runwayskiln, follow the coast path south-eastward for some three miles to Great Castle Head and St Ann's Head – or westward a mile or so to Martin Haven.
Photographer, Andrew Davies.

Traeth Marloes
Dyma un o draethau harddaf Sir Benfro. Mae ffurfiannau creigiau hynod ddiddorol yn y Tair Simnai – lle mae haenau o dywodfaen a charreg laid wedi'u herydu i raddau gwahanol, ac mae effaith hyn yn drawiadol. O faes parcio'r Ymddiriedolaeth Genedlaethol yn Runwayskiln, dilynwch y llwybr arfordirol tua'r de-ddwyrain am ryw dair milltir i Bentir Great Castle a Phenryn St Ann – neu tua'r gorllewin am ryw filltir i Martin Haven.
Ffotograffydd, Andrew Davies.

Coasteering
This exciting activity involves swimming, scrambling and climbing along a stretch of coastline in wet suits, buoyancy aids and protective helmets – under the supervision of a qualified instructor. Pembrokeshire offers just about every aquatic sport – ask at one of the numerous harbourside or beachfront centres. Photographer, Andrew Davies.

Arforlywio
Mae'r gweithgaredd cyffrous hwn yn cynnwys nofio, sgramblo a dringo ar hyd rhan o'r arfordir mewn siwt sych, cynorthwywyr hynofiant a helmedau diogelu – o dan ofal hyfforddwr cymwysedig. Mae Sir Benfro yn cynnig ystod lawn fwy neu lai o chwaraeon dŵr – gofynnwch yn un o'r canolfannau glantraeth neu lanharbwr niferus. Ffotograffydd, Andrew Davies.

Solva and St David's
The snug harbour at Solva (above) has been a trading port since the 14th century. The magnificent cathedral at nearby St David's (right) occupies a sheltered valley, where earlier structures were built in unsuccessful attempts to hide them from Viking raiders. From Solva, walk westward along the coast path for three miles, to the holy well of St Non, mother of our patron St David, and the ruined chapel where he was born in 462. Continue to the little city of St David's, for a bus back to Solva.
Photographers, Duncan Miller, Ken Price (right).

Solfach a Thyddewi
Mae'r porthladd clyd yn Solfach (uchod) yn borthladd masnachu oddi ar y 14eg ganrif. Mae'r gadeirlan odidog yn Nhyddewi (ar y dde) gerllaw mewn glyn cysgodol, lle y codwyd adeiladau cynharach mewn ymgais aflwyddiannus i'w cuddio rhag ysbeilwyr o Lychlyn. O Solfach, cerddwch tua'r gorllewin ar hyd llwybr yr arfordir am dair milltir i ffynnon gysegredig Santes Non, mam ein nawddsant Dewi, ac adfeilion y capel lle cafodd ei eni yn 462. Ewch ymlaen i ddinas fechan Tyddewi er mwyn dal y bws 'nôl i Solfach.
Ffotograffwyr, Duncan Miller, Ken Price (ar y dde).

The Green Bridge of Wales
This natural limestone arch on the Castlemartin peninsula soars 80ft above the sea. This, and other arches along this coast, will eventually collapse through erosion, to leave isolated stacks. The definitive National Trail Guide to the Pembrokeshire Coast Path, written by Brian John with support from the Countryside Council for Wales, contains a wealth of information.
Photographer, Aled Hughes.

Pont Werdd Cymru
Mae'r bwa naturiol hwn o galchfaen ar benrhyn Castellmartin i'w weld 80tr uwchben y môr. Bydd y bwa hwn, a rhai eraill ar hyd yr arfordir hwn, yn chwalu yn y pen draw o ganlyniad i erydu, gan adael staciau unigol. Mae'r canllaw swyddogol, sef Canllawiau'r Llwybrau Cenedlaethol i Lwybr Arfordir Sir Benfro a ysgrifennwyd gan Brian John â chefnogaeth Cyngor Cefn Gwlad Cymru, yn llawn o wybodaeth werthfawr.
Ffotograffydd, Aled Hughes.

Seal and kitesurfer
Grey seals are found in abundance around the rocky western coasts of Wales, including Pembrokeshire. Their baleful eyes belie their alertness as they watch the antics of humans – whatever do they make of kitesurfing? Take care, and slow down, if boating in the vicinity of sea caves – these are favourite haunts of seals and you might be rewarded with a glimpse.
Photographer, Andrew Davies.

Morlo a barcud hwylio
Mae digonedd o forloi llwydion o gwmpas arfordiroedd creigiog gorllewin Cymru, gan gynnwys Sir Benfro. Mae eu llygaid trist yn cuddio'r ffaith eu bod yn greaduriaid digon effro wrth iddynt wylio dyn yn chwarae – beth yn y byd fyddai barcud hwylio yn eu meddwl hwy, tybed? Byddwch yn ofalus ac arafwch os byddwch mewn cwch ger ogofâu'r môr – mae'r rhain yn hoff gyrchfan i'r morloi ac efallai y byddwch yn ddigon ffodus i'w gweld.
Ffotograffydd, Andrew Davies.

At first sight an industrious region of trucked and tractored agriculture, but also much more than that, Carmarthenshire rewards exploration of its coastline – along with the castles, country parks and historic houses of the verdant Tywi valley.

Ar yr olwg gyntaf, ardal ddiwyd amaethyddol yn llawn o lorïau a thractorau yw hon, ond mae Caerfyrddin yn fwy o lawer na hynny, ac mae'n werth mynd i chwilio ar hyd ei harfordir – ac yn ei chestyll, ei pharciau gwledig a'i thai hanesyddol yn nyffryn glas y Tywi.

Carreg Cennen Castle
Bernard Llewellyn, custodian of Carreg Cennen Castle and a master of the diversification essential in today's farming economy, looks over his land near Llandeilo. He keeps longhorn cattle and other rare animal breeds, which appear at livestock shows and in historical films. From the A483 south of Llandeilo, follow signs to Trapp and Carreg Cennen Castle, on its precipitous crag. Photographer, Harry Williams.

Castell Carreg Cennen
Mae Bernard Llewellyn, ceidwad Castell Carreg Cennen ac un sydd wedi arbenigo yn y broses o arallgyfeirio, proses sydd mor hanfodol yn economi amaethyddiaeth heddiw, yn bwrw trem dros ei dir ger Llandeilo. Mae'n cadw gwartheg hirgorn a bridiau anifeiliaid prin eraill sy'n ymddangos mewn sioeau da byw ac mewn ffilmiau hanesyddol. O'r A483 i'r de o Landeilo, dilynwch yr arwyddion i Trapp a chastell Carreg Cennen ar ei graig serth. Ffotograffydd, Harry Williams.

Laugharne, The Boat House
Dylan Thomas's 'seashaken house on a breakneck of rocks' – overlooked by his 'wordsplashed hut' – is now a museum to his life and work. Looking across the 'dabbed bay', it is easy to understand why the sea was such a constant theme in the torrent of genius that poured from his pen.
The Dylan Thomas Trail leads you to Laugharne Castle, Brown's Hotel and the simple graves of Dylan and his wife Caitlin in St Martin's Church.
Photographer, Harry Williams.

Talacharn, Y Boat House
Mae 'seashaken house on a breakneck of rocks' Dylan Thomas – a'i 'wordsplashed hut' yn edrych drosto – bellach yn amgueddfa sy'n amlygu ei fywyd a'i waith. Wrth edrych ar draws y 'dabbed bay', mae'n hawdd deall pam y defnyddiodd y bardd y môr yn thema gyson yn y llif o athrylith a ddeuai o'i bin ysgrifennu. Bydd Llwybr Dylan Thomas yn mynd â chi i Gastell Talacharn, Gwesty Brown's a beddau syml Dylan a'i wraig Caitlin yn Eglwys Sant Martin.
Ffotograffydd, Harry Williams.

National Botanic Garden of Wales
Set in the gardens and parkland of Middleton Hall, Llanarthne, this botanical showpiece is a feast for the senses. Highlights include the Japanese garden, the walled garden and the Great Glasshouse, designed by Sir Norman Foster, which contains plants from tropical and desert habitats. Leave the A48, between the M4 and Carmarthen, at the garden's own junction – be sure also to see 'the garden lost in time' at nearby Aberglasney.
Photographer, Steve Benbow.

Gardd Fotaneg Genedlaethol Cymru
A hithau wedi'i lleoli yng ngerddi a pharc Middleton, Llanarthne, mae'r ardd hon, sy'n enghraifft heb ei hail o ardd fotaneg, yn cynnig gwledd i'r synhwyrau. Ymhlith yr uchafbwyntiau mae'r ardd Siapaneaidd, yr ardd ddeufur a'r Tŷ Gwydr Mawr, a gynlluniwyd gan Syr Norman Foster, sy'n cynnwys planhigion o gynefinoedd trofannol a diffaith. Trowch oddi ar yr A48, rhwng yr M4 a Chaerfyrddin, ar gyffordd yr ardd ei hun – mynnwch weld 'yr ardd ar goll mewn amser' yn Aberglasne cyfagos hefyd.
Ffotograffydd, Steve Benbow.

Aberglasney
Wales is blessed with several outstandingly fine gardens, created and nurtured by the owners of historic houses and now open for everyone to enjoy. From Bodnant Garden in the Conwy Valley to Dyffryn Gardens near Cardiff, and Aberglasney in Carmarthenshire, they provide an ever-changing spectrum of colour from springtime through to autumn. Aberglasney, at Llangathen, and the National Botanic Garden of Wales are both accessible from the A40 between Carmarthen and Llandeilo.
Photographers, Janet and Colin Bord.

Aberglasne
Mae Cymru wedi'i bendithio â sawl gardd eithriadol o hardd, wedi'u creu a'u meithrin gan berchnogion tai hanesyddol sydd erbyn hyn ar agor fel y gall pawb eu mwynhau. O Erddi Bodnant yn Nyffryn Conwy i Erddi Dyffryn ger Caerdydd, ac Aberglasne yn Sir Gaerfyrddin, maent yn cynnig darlun o liw sy'n cyson newid o'r gwanwyn hyd at yr hydref.
Gellir cyrraedd Aberglasne sydd yn Llangathen a Gardd Fotaneq Genedlaethol Cymru o'r A40 rhwng Caerfyrddin a Llandeilo.
Ffotograffwyr, Janet a Colin Bord.

Llandovery
Upland Carmarthenshire, in the western part of the Brecon Beacons National Park, has open countryside, high moors, glittering lakes and abundant fresh air at any time of year. Visit Myddfai to learn about the famous physicians, descendants of the legendary Lady of the Lake, and their healing skills.
Photographer, Kathy de Witt.

Llanymddyfri
Ar uwchdiroedd Sir Gaerfyrddin, yn rhan orllewinol Parc Cenedlaethol Bannau Brycheiniog, ceir cefn gwlad agored, gweundiroedd uchel, llynnoedd disglair a digonedd o awyr iach ar hyd y flwyddyn gron. Ymwelwch â Myddfai i gael dysgu am y meddygon enwog, disgynyddion Morwyn y Llyn yn y chwedl, ac am eu sgiliau iacháu hwythau.
Ffotograffydd, Kathy de Witt.

Sheep farm
Take care driving in rural Wales – you are likely to encounter flocks of sheep on the move. Stop and wait as they flow past, gently polishing your car as they go. Seek out the statue of a cattle drover at Llandovery. In the days before road and rail transport, he and his like – and their snapping corgis – would walk cattle and sheep to market in Bristol or London, past many a Drover's Arms.
Photographer, Kathy de Witt.

Fferm ddefaid
Byddwch yn ofalus pan fyddwch yn gyrru yn y Gymru wledig – byddwch yn debygol o ddod ar draws preiddiau o ddefaid yn cael eu symud. Arhoswch wrth iddynt lifo heibio, gan wthio'n ysgafn yn erbyn eich car. Chwiliwch am y cerflun o borthmon gwartheg yn Llanymddyfri. Cyn dyddiau trafnidiaeth ar y ffyrdd ac ar y rheilffyrdd, y porthmon hwn a'i debyg – gyda'u corgwn â'u cegau'n bygwth cnoi – fyddai'n cerdded y gwartheg a'r defaid i'r farchnad ym Mryste neu Lundain, heibio i lawer Tafarn y Porthmyn.
Ffotograffydd, Kathy de Witt.

The Gower peninsula was the UK's first designated Area of Outstanding Natural Beauty. From the Victorian resort of Mumbles to the perfect sandy beaches and unspoilt countryside, this is a great place to get away from it all.

Penrhyn Gŵyr oedd yr ardal gyntaf yn y DU i'w dynodi'n Ardal o Harddwch Naturiol Eithriadol. O gyrchfan gwyliau Fictoraidd y Mwmbwls hyd y traethau tywod perffaith a'r cefn gwlad cwbl naturiol, dyma le arbennig i ddod o sŵn a gofalon y byd.

Three Cliffs Bay
It would be difficult to devise a more picturesque beach. Three Cliffs Bay is one of many in Wales to receive a European Blue Flag for their amenities and cleanliness. Follow the A4118 from Swansea to the marvellous beaches at Mumbles, Langland, Caswell Bay, Three Cliffs Bay, Oxwich and Port Eynon.
Photographer, Billy Stock.

Bae Three Cliffs
Byddai'n anodd creu traeth mwy prydferth na hwn. Mae Bae Three Cliffs yn un o lawer yng Nghymru a dderbyniodd y Faner Las Ewropeaidd am eu hamwynderau a'u glendid. Dilynwch yr A4118 o Abertawe i draethau godidog y Mwmbwls, Langland, Caswell, Three Cliffs, Oxwich a Phort Eynon.
Ffotograffydd, Billy Stock.

Penclawdd
The traditional, back-straining work of cockle picking continues at Penclawdd on the Loughor estuary. Seafood features strongly at the Swansea Food Festival each October, and is skilfully presented at restaurants in Mumbles and elsewhere. Pop into Swansea's excellent indoor market and pick up the ingredients for Gower's quintessential breakfast – cockles, bacon and laverbread (an edible seaweed) served with toast.
Photographer, Harry Williams.

Penclawdd
Mae hel cocos, y gwaith traddodiadol hwnnw sy'n straen ar y cefn, yn parhau ym Mhenclawdd ar aber afon Llwchwr. Mae bwyd y môr yn elfen amlwg yng Ngŵyl Fwyd Abertawe bob mis Hydref ac fe'i cyflwynir yn gelfydd yn y gwestai yn y Mwmbwls ac mewn mannau eraill. Trowch i mewn i farchnad dan do ardderchog Abertawe er mwyn cael cynhwysion brecwast hanfodol Gŵyr – cocos, cig moch a bara lawr (gwymon y gallwch ei fwyta) a fwytir ar dost.
Ffotograffydd, Harry Williams.

Rhossili
Gower is a maze of footpaths and bridlepaths waiting to be explored. The high cliffs convey a tremendous sense of space – and are great places to enjoy feeling windswept. Maps showing walks and cycle tracks are available locally – the Celtic Trail (National Cycle Network route 4) passes by.
Photographer, Billy Stock.

Rhosili
Mae Gŵyr yn blethwaith o lwybrau troed a llwybrau ceffylau sy'n aros i chi gerdded arnynt. Mae'r clogwyni uchel yn rhoi rhyw ymdeimlad o ehangder maith – ac maent yn lleoedd braf iawn i gael mwynhau bod yn nannedd y gwynt. Mae mapiau yn dangos y teithiau cerdded a'r llwybrau seiclo sydd ar gael yn lleol – mae'r Llwybr Celtaidd (ffordd 4 Rhwydwaith Seiclo Cenedlaethol) yn mynd heibio.
Ffotograffydd, Billy Stock.

Rhossili
For surfing, windsurfing – and paragliding from the hills behind – this long sweep of sand at the tip of Gower, open to winds and Atlantic swell from the west, takes some beating. From Swansea Bay's long promenades to Gower's clifftop paths and beach campsites, this entire region enables you to get close to the sea – using as much or as little energy as you wish.
Photographers, Chris Warren and Andrew Davies.

Rhosili
Byddai'n anodd cael hyd i well lle os ydych am syrffio, bordhwylio neu baragleidio o'r bryniau y tu cefn, na'r darn hir hwn o dywod ar ben pellaf Gŵyr sy'n agored i wyntoedd ac ymchwydd tonnau'r Iwerydd o'r gorllewin. Mae'r ardal gyfan hon, o rodfeydd hir Bae Abertawe i lwybrau penclogwyn a gwersylloedd glan y môr Gŵyr, yn eich galluogi i deimlo'n agos at y môr – gan ddefnyddio cymaint neu cyn lleied o egni ag y mynnwch.
Ffotograffwyr, Chris Warren ac Andrew Davies.

Field studies
The coastal and lowland heath habitats are rich in plant, bird and animal life – as this study group is learning. Special interest breaks – to study wildlife, photography, painting, cooking, gardening or crafts – are popular.
Photographer, Chris Warren

Astudiaethau maes
Mae cynefinoedd yr arfordir a rhosydd yr iseldir yn gyfoethog o ran bywyd planhigion, adar ac anifeiliaid – fel y mae'r grŵp astudio hwn yn ei ddarganfod. Mae gwyliau a seilir ar ddiddordeb arbennig – er mwyn astudio bywyd gwyllt, ffotograffiaeth, arlunio, coginio, garddio neu waith crefft – yn boblogaidd.
Ffotograffydd, Chris Warren.

Wreck of the Helvetia
Worm's Head, in the distance, was named by the Vikings – after their word for a dragon. The schooner *Helvetia* was inward bound for Swansea with a cargo of Canadian timber, when she was blown ashore at Rhossili. Park at the top of the cliff and walk down to Rhossili beach – the timbers of the wreck are exposed at low water.
Photographer, Aled Hughes.

Llongddrylliad yr Helvetia
Enwyd Worm's Head, yn y pellter, gan y Llychlynwyr – ar ôl eu gair hwy am ddraig. Roedd y sgwner *Helvetia* ar ei ffordd i mewn i Abertawe a chargo o goed o Ganada arni pryd y cafodd ei chwythu i'r lan yn Rhosili. Parciwch ar ben y clogwyn a cherddwch i lawr i draeth Rhosili – mae rhywfaint o sgerbwd pren y sgwner i'w weld pan fydd y llanw'n isel.
Ffotograffydd, Aled Hughes.

Photographer/Ffotograffydd, Andrew Orchard.

Get active
Whether you seek the views and camaraderie of pony trekking or the adrenalin rush of riding the perfect wave, Gower is an accessible place to connect with the joys, or the forces, of nature. Riding and trekking stables are plentiful – and westward-facing beaches produce perfectly formed surf when conditions are right.
Photographer, Steve Benbow.

Defnyddiwch eich egni
P'un ai y byddwch yn chwilio am y golygfeydd a'r cyfeillgarwch sy'n rhan o ferlota neu ruthr yr adrenalin wrth syrffio'r don berffaith, mae Gŵyr yn fan hygyrch i gysylltu â gogoniannau a grymoedd natur. Mae digonedd o stablau marchogaeth a merlota ar gael – ac ar y traethau sy'n wynebu tua'r gorllewin ceir tonnau syrffio perffaith pan fydd yr amodau'n iawn.
Ffotograffydd, Steve Benbow.

This pleasant and fruitful landscape, appreciated since Roman times by those seeking a comfortable place to live, continues to be popular as a peaceful and stylish retreat immediately west of our capital city, Cardiff.

Mae'r tirlun dymunol a ffrwythlon hwn, sydd wedi'i werthfawrogi oddi ar gyfnod y Rhufciniaid gan y rhai hynny sy'n chwilio am le cysurus i fyw, yn dal i fod yn boblogaidd fel encil tawel a ffasiynol yn union i'r gorllewin o'n prifddinas, Caerdydd.

Pendoylan
The Vale of Glamorgan is a place of leafy lanes and cosy villages. Wales's leading vineyard – Llanerch – is near here. See the rows of vines at Llanerch Vineyard, close to Junction 34 on the M4 – and try the award-winning, and most agreeable, wines.
Photographer, Steve Benbow.

Pendeulwyn
Mae Bro Morgannwg yn ardal o lwybrau deiliog a phentrefi clyd. Mae gwinllan bwysicaf Cymru – Llanerch – heb fod ymhell oddi yma. Gallwch weld y rhesi o winwydd yng ngwinllan Llanerch ger Cyffordd 34 ar yr M4, a blasu'r gwinoedd tra dymunol hyn sydd wedi ennill gwobrau.
Ffotograffydd, Steve Benbow.

Dunraven Bay
The Glamorgan Heritage Coast, which extends from St Athan to the Merthyr Mawr sand dune system, a Site of Special Scientific Interest, is characterised by dramatic, clearly stratified, sandstone cliffs and breathtaking views. Call at the Heritage Coast visitor centre at Southerndown to learn about the geology and wildlife.
Photographer, Jeremy Moore.

Bae Dwnrhefn
Nodweddir Arfordir Treftadaeth Morgannwg, sy'n ymestyn o Sain Tathan i'r twyni tywod helaeth ym Merthyr Mawr, Safle o Ddiddordeb Gwyddonol Arbennig, gan glogwyni tywodfaen amlwg-eu-haenau a golygfeydd anhygoel. Galwch heibio i ganolfan ymwelwyr yr Arfordir Treftadaeth yn Southerndown i gael dysgu am y ddaeareg a'r bywyd gwyllt.
Ffotograffydd, Jeremy Moore.

Cardiff Bay
Cardiff grew where coal-mining valleys converged upon a sheltered bay destined, a century ago, to become the world's largest coal-exporting port. The revitalised Cardiff Bay – home to the National Assembly for Wales – now provides a thriving business and cultural environment, helping to equip Cardiff for a confident future as the capital city of Wales. Take a walk along the Cardiff Bay Barrage, from the car park near Penarth Marina. Look inland toward the valleys, then out to sea, to understand how the landscape determined the position of this dynamic city.
Photographer, Chris Colclough.

Bae Caerdydd
Gwelwyd Caerdydd yn tyfu yn y man lle y byddai'r cymoedd glo yn cydgyfarfod ger bae cysgodol a ddatblygodd, ganrif yn ôl, yn borthladd allforio glo mwyaf y byd. Mae Bae Caerdydd – lle y gwnaeth Cynulliad Cenedlathol Cymru ei gartref – ar ei newydd wedd yn cynnig amgylchedd masnachol a diwylliannol llewyrchus, sy'n cynorthwyo Caerdydd i symud ymlaen yn hyderus i'r dyfodol fel prifddinas Cymru. Ewch am dro ar hyd Morglawdd Bae Caerdydd, o'r maes parcio ger Marina Penarth. Edrychwch tua'r tir at y cymoedd, ac yna edrychwch allan i'r môr, i chi gael gweld sut y bu i'r tirwedd benderfynu safle'r ddinas ddeinamig hon.
Ffotograffydd, Chris Colclough.

Dyffryn Gardens
One of the finest and largest of Wales's landscaped gardens lies between Cardiff and Cowbridge. Some seventy acres of Grade-1 listed Edwardian gardens and parkland, including themed areas and formal terraces, are open to the public. Follow signs from St Nicholas, on the A48 west of Cardiff, to Dyffryn Gardens - shrubs and seasonal flower beds erupt in blazes of colour, and reward repeat visits.
Photographer, Chris Colclough.

Gerddi Dyffryn
Ceir un o'r gerddi cynlluniedig mwyaf a gorau yng Nghymru rhwng Caerdydd a'r Bontfaen. Yma mae rhyw saith deg erw o erddi a pharciau Edwardaidd Gradd 1, yn cynnwys rhannau thematig a therasau ffurfiol, ar agor i'r cyhoedd. Dilynwch yr arwyddion o San Niclas, ar yr A48 i'r gorllewin o Gaerdydd, i Erddi Dyffryn – ceir yma lwyni a gwelyau blodau yn eu tymor yn agor yn wledd o liw, ac yn haeddu mwy nag un ymweliad.
Ffotograffydd, Chris Colclough.

Museum of Welsh Life, St Fagans
This is one of Europe's leading open-air museums. A fascinating collection of buildings, transported from all over Wales and authentically rebuilt, shows how people lived from 1500 onwards. This is the Aber-Nodwydd farmhouse, built at Llangadfan, Powys, in 1678.
St Fagan's is near Junction 33 on the M4 motorway west of Cardiff.
Photographer, Andrew Davies.

Amgueddfa Werin Cymru, Sain Ffagan
Mae hon yn un o amgueddfeydd awyr agored fwyaf blaenllaw Ewrop.
Mae yno gasgliad hynod ddiddorol o adeiladau, a gludwyd i'r fan o Gymru benbaladr a'u hailadeiladu yn ddilys, sy'n dangos sut yr arferai pobl fyw o 1500 ymlaen. Dyma ffermdy Aber-Nodwydd, a godwyd yn Llangadfan, Powys, ym 1678. Mae Sain Ffagan ger Cyffordd 33 ar draffordd yr M4 i'r gorllewin o Gaerdydd.
Ffotograffydd, Andrew Davies.

Severn, Wye and Usk Yr Hafren, y Gwy a'r Wysg

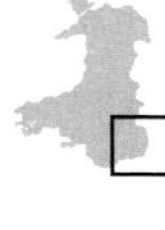

Three of Wales's rivers converge in the south-east. The Severn has two majestic bridges over its broad estuary. The Wye, having meandered easily through placid borderlands, cuts through a dramatic gorge at Tintern. The Usk, the longest river to flow entirely within Wales, reaches the sea at Newport.

Mae tair o afonydd Cymru yn cyfarfod â'i gilydd yn y de-ddwyrain. Mae dwy bont ysblennydd ar draws moryd eang yr Hafren. Mae'r Gwy yn torri drwy geunant dramatig yn Nhyndyrn wedi iddi ystumio'n ddi-drafferth drwy'r gororau tawel. Mae'r Wysg, yr afon hiraf i lifo yn gyfan gwbl yng Nghymru, yn cyrraedd y môr yng Nghasnewydd.

Second Severn Crossing
The newer of the two road bridges over the Severn estuary symbolises the economic links between Wales and the rest of the UK and Europe. Tourists, truckers and sports fans – and Welsh people returning home – understand, as they cross, that they are arriving somewhere special. Drive over both Severn bridges to experience the wide seascapes or take the foot and cycle path over the older bridge from Severn View services. Photographer, Billy Stock.

Ail Groesfan yr Hafren
Mae'r fwyaf newydd o'r ddwy bont ar draws moryd yr Hafren yn cynrychioli'r cysylltiadau economaidd rhwng Cymru a gweddill y DU ac Ewrop. Bydd twristiaid, gyrwyr lorïau a dilynwyr chwaraeon – a Chymry yn dychwelyd adref – yn deall, wrth iddynt groesi, eu bod yn dod i le arbennig. Gyrrwch ar draws y ddwy bont Hafren i chi gael profi morluniau eang neu cymerwch y llwybr troed neu'r llwybr seiclo dros yr hynaf o'r ddwy bont, o wasanaethau Golwg Hafren.
Ffotograffydd, Billy Stock.

Celtic Manor Resort
The Wentwood Hills golf course at the Celtic Manor Resort, Newport – bounded by the meandering Usk – will host the sport's most prestigious competition, the Ryder Cup, in 2010. For non-golfers – countryside rangers have devised waymarked trails, and will take you on guided walks, in Wentwood Forest.
Photographer, Andy Stoyle.

Cyrchfan Gwyliau y Celtic Manor
Cwrs golff Wentwood Hills yng Nghyrchfan Gwyliau Celtic Manor, Casnewydd – a'r Wysg yn ystumio o'i gwmpas – fydd yn derbyn cystadleuaeth bwysicaf y byd golff, Cwpan Ryder, yn 2010. Ar gyfer y rheiny nad ydynt yn chwarae golff – mae'r ceidwaid cefn gwlad wedi creu llwybrau wedi'u cyfeirbwyntio, a byddant yn fodlon eich tywys ar deithiau cerdded yn Fforest Wentwood.
Ffotograffydd, Andy Stoyle.

Tintern Abbey and Cleddon Falls
Immortalised in verse by Wordsworth, and on canvas by Turner and countless other artists, the ruins of the 11th-century Cistercian abbey at Tintern add historic dignity to this most picturesque of valleys, with its maze of footpaths first trodden by Victorian tourists. Acquire a copy of Wordsworth's, 'Lines composed a few miles above Tintern Abbey', and find a peaceful spot, within sight of the Wye, to read and absorb his profound words.
Photographer, David Williams.

Abaty Tyndyrn a Rhaeadr Cledon
Mae adfeilion yr abaty Sistersiaidd o'r 11eg ganrif yn Nhyndyrn a anfarwolwyd gan Wordsworth yn ei gerdd enwog, ac ar gynfas gan Turner ac arlunwyr eraill di-rif, yn ychwanegu urddas hanesyddol i'r dyffryn hynod brydferth hwn, a'i rwydwaith o lwybrau troed a dramwywyd gyntaf gan dwristiaid Oes Fictoria. Mynnwch gopi o gerdd Wordsworth, 'Lines composed a few miles above Tintern Abbey', ac wedi i chi gael hyd i lecyn tawel yng ngolwg y Gwy, darllenwch a myfyriwch ar ei eiriau dwys.
Ffotograffydd, David Williams.

Wye Valley from Wyndcliffe
High, wooded cliffs a couple of miles south of Tintern Abbey look out over a bend in the river Wye toward Chepstow, the Severn bridges and the Bristol Channel. Leave the A466 where it bends sharply just north of St Arvans (signposted Wyndcliffe) and follow a lane to a car park – from which a pleasant walk through woodland leads to the thrilling Eagle's Nest viewpoint.
Photographer, Jeremy Moore.

Dyffryn Gwy o Wyndcliffe
Mae'r creigiau coediog uchel, ychydig o filltiroedd i'r de o abaty Tyndyrn, yn edrych allan dros dro yn afon Gwy tuag at Gas-gwent, pontydd yr Hafren a Môr Hafren. Trowch oddi ar yr A466 lle y bydd yn troi'n sydyn ychydig i'r gogledd o St Arfan (Wyndcliffe ar yr arwydd) a dilynwch y lôn i'r maes parcio – ac oddi yno cerddwch ar hyd y llwybr dymunol trwy goedwig nes cyrraedd golygfan wefreiddiol Nyth yr Eryr.
Ffotograffydd, Jeremy Moore.

Photographer/Ffotograffydd, Jeff Morgan.

Land of plenty
The market gardens, orchards, dairies, smokeries, vineyards and traditional fisheries of this corner of Wales produce a wealth of high-quality produce, from the familiar to the unexpected. Farmers' markets are held twice-monthly at Monmouth, Chepstow and Usk.
Photographer, Rex Moreton.

Gwlad doreithiog
Mae'r gerddi masnachol, y perllannau, yr hufenfeydd, y ffatrïoedd trin bwydydd â mwg, y gwinllannoedd a'r pysgodfeydd traddodiadol yn y gornel hon o Gymru yn cynhyrchu toreth o gynnyrch ansawdd uchel, o'r cyfarwydd hyd yr annisgwyl. Cynhelir marchnadoedd y ffermwyr ddwywaith y mis yn Nhrefynwy, Cas-gwent a Brynbuga.
Ffotograffydd, Rex Moreton.

The Geology of Wales

The landscape of Wales is a product of over 700 million years of evolution, involving numerous and continuous physical and biological changes. Our oldest known rocks in the region were formed when southern Britain, including Wales, was part of a vast supercontinent named Gondwana, situated in the southern hemisphere far south of the equator. Following the break-up of the supercontinent, the fragments of the Earth's crust that now make up Wales drifted across the globe to their present position at temperate latitudes in the northern hemisphere. This amazing journey through time involved crossing different latitudes and different environments, from which much of the evidence is locked up in the rocks and fossils beneath our feet, and which in turn are the basis for our remarkably diverse and often spectacular scenery.

Areas of the oldest rocks are best displayed across much of Anglesey and western Llŷn, in eastern Powys extending into the adjacent borderlands, and in north Pembrokeshire. The intensely distorted cliffs in the South Stack area of Holy Island, Anglesey, are stunningly visual examples of folding and faulting that have affected such rocks in response to the huge forces involved in the processes of plate tectonics and continental drift that even now drive the crust of our planet in constant motion.

Between about 550 million and 420 million years ago, Wales was mostly under the sea as it drifted across the equator into the tropics of the northern hemisphere. Vast amounts of sand, silt and mud accumulated in the ocean, preserved today in the bleak sandstone moorlands of the Harlech Dome and the slate quarries of north Wales, and in the beautiful cliffs along the Pembrokeshire Coastal Path to the south of St David's. Then we literally collided with other continents, first the Scandinavian-Russian block and then the north American mass that included Greenland. The collision events resulted in massive volcanic eruptions, both on land and underwater. These produced the rocks that now form much of Snowdonia and the Aran mountains, including Snowdon itself and Cadair Idris, together with related areas around Builth Wells and north Pembrokeshire – where Strumble Head mirrors areas of the world such as Hawaii, which is subject today to similar oceanic volcanicity.

Meanwhile, towards the end of this period there were coral reefs forming in the shallow seas around the eastern margins of Wales, now seen in the Usk area and up into the borderlands in environments that were not too different from the present-day Caribbean. Uplift from the sea, involving long periods of mountain building and erosion, then saw Wales as part of a desert landmass that stretched from present-day north America across northern Europe to Russia. Until about 350 million years ago, extensive river systems drained from the Brecon Beacons, together with the rich red soils that blanket much of the borderland. The red sandstone cliffs of Manorbier, Barafundle and Milford Haven in Pembrokeshire, and parts of eastern Anglesey are also remnants of this ancient landmass.

Then the warm, subtropical sea invaded yet again, spreading lime-rich sediments with abundant corals around the margins of the country. In north Wales, the Great Orme and Little Orme headlands at Llandudno, and the Eglwyseg escarpment near Llangollen, are formed of the massive limestones resulting from these deposits. In the south, the beautiful sea cliffs of Gower and of the Castlemartin coast, with its spectacular blow-holes and the Green Bridge of Wales arch, are preserved in the same rocks. Eventually the shallow seas silted up with sand and mud carried in rivers from the uplands of central Wales to form large deltas and low coastal plains in both the north and the south. On these swampy plains grew lush, subtropical vegetation – not unlike the Florida Everglades of today. At intervals the dense plant cover was drowned by brief incursions of the sea, killing off the vegetation to form thick deposits of peat. This pattern was repeated in numerous cycles and the peat beds were buried and compressed, eventually being transformed into the coal seams now preserved in the coalfields of the north-east and south.

About 300 million years ago the great coal forests were destroyed, when renewed uplift again turned Wales into a mountainous desert region. Eventually dinosaurs and early mammals were to colonise parts of this land, but most of the rocks have been removed by later erosion, apart from small areas in the Vale of Clwyd and on the south-east Glamorgan coast. The distinctive creamy-coloured horizontal limestone cliffs of south Glamorgan, running from Penarth to Ogmore, are remnants of another shallow marine invasion that began 200 million years ago and which may have spread more widely across the eroded land.

After this time there is very little record of solid rocks preserved in Wales. By about 65 million years ago we had drifted north from the tropics, more or less to our present location, and the modern Atlantic Ocean had opened, introducing our temperate maritime climate. The area was now finally emergent from the sea, and repeated pulses of uplift and erosion saw the establishment of the basic patterns of modern landforms and of the river drainage system. In brief, Wales was approaching its modern outline by 2 million years ago.

Then, however, came one further set of dramatic events – beginning 1.6 million years ago – which were to play a major role in the final shaping of the Welsh landscape. This was the great Ice Age, which lasted until just13,000 years ago. There were repeated glaciations with milder interglacial periods. At its maximum extent the ice cover advanced southwards to about the Brecon Beacons, with a major glacier system also in the Irish Sea. All marginal areas were deeply frozen in Siberia-like tundra scenery, and the animal life included mammoth, bison, reindeer, wolf and arctic hare.

The great north Wales glaciers carved out the deep U-shaped valleys, such as Nant Ffrancon and Nant Peris, together with the numerous cwms and peaks throughout Snowdonia and neighbouring areas. Many of the dramatic mountain ridges were produced by frost shattering in the prolonged icy-cold climate. The huge amounts of rock eroded by the glaciers were eventually dumped as boulder trails over much of the landscape – and many of our lakes were formed as a result of deep scouring by ice. With so much water locked up in the ice, one other striking feature of the Ice Age was a major fall in sea level, by about as much as 100 metres, so that our surrounding seas disappeared. The Irish Sea and Bristol Channel became dry land, and there was also direct connection into Europe via a dry English Channel and North Sea. When the ice finally melted, the sea re-invaded these areas, drowning the coastal valleys such as Solva, the Severn estuary, Milford Haven and the Menai Strait, and shaping our modern coastline.

On land, streams and rivers draining from the melting glaciers carried vast amounts of rock and soil debris across the landscape in a blanket cover that forms much of the rolling scenery of central Wales, and which in no small part now determines the patterns of vegetation and agriculture.

Since the Ice Age, warmer-climate plants and animals have invaded Wales from the south – including humans, whose impact on our scenery has been considerable. Over the past 10,000 years much of the natural forest has been stripped as humans moved from existing as nomadic hunter-gatherers to ways of life tied to farming and settlement. From around 2,000 BC onwards, Bronze Age – and later Iron Age – people began to establish the first industrial cultures, and constructed hill forts as major features of the landscape. Then came the Romans with their fortresses and encampments, and their network of roads.

Wales became a distinct nation as its regional rulers united against Saxon and Viking attack, but was partly conquered by the Normans after 1066 and finally overwhelmed by Edward 1 in the late 13th century. His castles, along with those of Welsh princes and Norman invaders, remain today as striking features of our scenery. Examples such as Caerphilly, Carreg Cennen, Pembroke, Harlech, Caernarfon, Dolwyddelan, Conwy and Dinas Brân are telling reminders of the reliance on local supplies of rock in the building of these magnificent edifices.

And so to the industrial revolution of the past few centuries, when the impact of human activity on the landscape has been as visual as the natural processes of the preceding 700 million years. Massive development of the coalfields, the slate-quarrying belts of north Wales, the road and railway networks, the construction of major ports, and the exponential growth of towns and cities are just some of the factors that continue the evolutionary changes to the structure and culture of the country.

Together with the continuing natural, physical and biological changes, the rate of evolution will undoubtedly increase yet further in the future.

Professor Michael G Bassett
National Museums & Galleries of Wales

Daeareg Cymru

Mae tirwedd Cymru yn ffrwyth mwy na 700 miliwn o flynyddoedd o erydu sy'n gysylltiedig â newidiadau biolegol a ffisegol niferus a pharhaus. Ffurfiwyd creigiau hynaf y wlad y gwyddom amdanynt pan oedd de Prydain, gan gynnwys Cymru, yn rhan o uwchgyfandir Gondwana, a oedd wedi'i leoli yn hemisffer y de ymhell i'r de o'r cyhydedd. Wedi i'r cyfandir ymrannu, symudodd y darnau hynny o grawen y Ddaear y ffurfiwyd Cymru ohonynt, ar draws y glôb i'w safle presennol ar ledredau tymherus yn hemisffer y gogledd. Roedd y siwrnai ryfeddol hon drwy gyfnodau amser yn golygu croesi lledredau ac amgylcheddau gwahanol ac mae llawer o'r dystiolaeth parthed y daith hon wedi'i chloi yn y creigiau a'r ffosilau sydd o dan ein traed, ac sydd yn eu tro yn aml yn sail i'n tirwedd sy'n rhyfeddol o amrywiol ac yn drawiadol odiaeth.

Gwelir y creigiau hynaf orau mewn llawer man yn Ynys Môn a gorllewin Llŷn, yn nwyrain Powys ac yn ymestyn i'r gororau cyfagos, ac yng ngogledd Sir Benfro. Mae'r creigiau sydd wedi'u hanffurfio'n fawr yn ardal Ynys Lawd, Ynys Cybi, Môn, yn enghreifftiau trawiadol amlwg iawn o'r plygu a'r torri a effeithiodd ar greigiau o'r fath mewn ymateb i'r grymoedd nerthol iawn a oedd yn rhan o dectoneg platiau a symudiadau cyfandirol sydd hyd yn oed heddiw yn peri i grawen ein planed symud yn gyson.

Rhwng tua 550 miliwn a 420 miliwn o flynyddoedd yn ôl, roedd y rhan fwyaf o Gymru o dan y môr wrth iddi symud ar draws y cyhydedd i drofannau hemisffer y gogledd. Cronnodd llawer iawn o dywod, silt a llaid yn y môr ac fe'u gwelir heddiw yng ngweundiroedd tywodfaen, anial Cromen Harlech ac yn chwareli llechi gogledd Cymru, ac yn y clogwyni hardd ar hyd Llwybr Arfordirol Sir Benfro i'r de o Dyddewi. Yna fe wnaethom fwrw yn erbyn cyfandiroedd eraill, y bloc Rwsaidd-Sgandinafaidd gyntaf ac yna fàs Gogledd America gan gynnwys yr Ynys Las. O ganlyniad i'r gwrthdaro, cafwyd ffrwydradau folcanig aruthrol, ar y tir ac o dan y môr. O ganlyniad i'r rhain ffurfiwyd y creigiau sydd heddiw'n ffurfio llawer o Eryri a mynyddoedd yr Aran, gan gynnwys yr Wyddfa ei hun a Chadair Idris, ynghyd ag ardaloedd perthynol o gwmpas Llanfair ym Muallt a gogledd Sir Benfro lle mae Pen Caer yn adlewyrchiad o ardaloedd y byd megis Hawäi, lle y gwelir gweithgaredd folcanig tebyg heddiw.

Yn y cyfamser, tua diwedd y cyfnod hwn roedd riffiau cwrel yn ffurfio yn y moroedd bas o gwmpas glandiroedd dwyreiniol Cymru mewn amgylcheddau heb fod yn wahanol iawn i'r Caribî fel y mae heddiw, ac fe'u gwelir erbyn heddiw yn ardal Brynbuga ac i fyny at y gororau. O ganlyniad i'r tir ymgodi o'r môr, pryd y cafwyd cyfnodau maith o ffurfio mynyddoedd ac erydu, gwelwyd Cymru'n rhan o dirfas diffaith a ymestynnai o ogledd America yn y lle y mae heddiw ar draws gogledd Ewrop hyd Rwsia. Tan tua 350 o filiynau o flynyddoedd yn ôl, roedd systemau draenio afonydd eang yn draenio o Fannau Brycheiniog ynghyd â'r pridd coch bras sy'n gorchuddio cymaint o'r gororau. Gweddillion y tirfas hynafol hwn yw'r clogwyni tywodfaen coch ym Maenorbŷr, Barafundle ac Aberdaugleddau yn Sir Benfro a rhannau o ddwyrain Môn hefyd.

Yna llifodd y môr cynnes, is-drofannol dros y tir unwaith eto, gan wasgaru dyddodion a oedd yn llawn calch a digonedd o gwrel dros landiroedd y wlad. Yng ngogledd Cymru, mae Pen y Gogarth a Phen Rhiwledyn yn Llandudno, a tharren Eglwyseg ger Llangollen, wedi'u ffurfio o'r cerrig calch enfawr a gafwyd o ganlyniad i'r dyddodion hyn. Yn y de, mae clogwyni hardd arfordir Gŵyr ac arfordir Castellmartin, â'i fordyllau trawiadol a Phont Werdd Cymru, yn cynrychioli'r un creigiau. Gydag amser, llanwyd y moroedd bas â thywod a llaid a gludwyd yn yr afonydd o ucheldiroedd canolbarth Cymru i ffurfio deltâu a gwastadeddau arfordirol isel yn y de a'r gogledd. Ar y gwastadeddau corsiog hyn tyfai llystyfiant gwyrddlas is-drofannol – nad oedd yn annhebyg i'r Bytholwerni yn Fflorida heddiw. Bob hyn a hyn byddai'r trwch o blanhigion a orchuddiai'r tir yn cael eu boddi am gyfnodau byr gan y môr. Bryd hynny lleddid y llystyfiant a châi dyddodion trwchus o fawn eu ffurfio. Gwelwyd y patrwm hwn yn cael ei ailadrodd drosodd a thro a'r gwelyau mawn yn cael eu claddu a'u cywasgu, a'u trawsffurfio ymhen amser yn wythiennau glo y'u gwelir heddiw ym meysydd glo'r gogledd-ddwyrain a'r de.

Tua 300 miliwn o flynyddoed yn ôl cafodd y fforestydd glo enfawr eu distrywio wrth i'r tir ymgodi unwaith eto a throi Cymru'n ardal fynyddig, ddiffaith. Gydag amser daeth deinosoriaid a mamaliaid cynnar i hawlio rhannau o'r wlad yn gartref, ond cafodd y rhan fwyaf o'r creigiau eu distrywio gan erydu diweddarach, ar wahân i ardaloedd bychain yn Nyffryn Clwyd ac ar yr arfordir yn ne-ddwyrain Morgannwg. Mae'r clogwyni calchfaen, lliw-hufen, llorweddol trawiadol a welir yn ne Morgannwg, o Benarth hyd Ogwr, yn weddillion o lif bas y môr dros y tir a ddechreuoddd 200 miliwn o flynyddoedd yn ôl ac a deithiodd fwy o ffordd o bosib dros y tir oedd wedi erydu.

Wedi hyn, ychydig iawn o gofnod sydd ar gael o greigiau soled yn cael eu cadw yng Nghymru. Erbyn tua 65 miliwn o flynyddoedd yn ôl, roeddem wedi symud i'r gogledd o'r trofannau, gan gyrraedd ein lleoliad presennol fwy neu lai, ac roedd y Môr Iwerydd presennol wedi agor, gan roi cychwyn ar ein hinsawdd morol, tymherus. Roedd yr ardal wedi codi'n derfynol o'r môr erbyn hyn, a gwelwyd wrth i'r patrwm o ymgodi ac erydu gael ei ailadrodd, sefydlu patrymau sylfaenol y tirffurfiau a'r systemau draenio afonydd sy'n bodoli heddiw. Yn gryno, erbyn 2 filiwn o flynyddoedd yn ôl roedd Cymru ar drothwy'r ffurf y mae iddi heddiw.

Ond yna, fodd bynnag, cafwyd cyfres arall o ddigwyddiadau dramatig – gan ddechrau 1.6 miliwn o flynyddoedd yn ôl – a oedd i fod â rhan mor bwysig yn y gwaith o ffurfio tirwedd Cymru'n derfynol. Dyma'r Oes Iâ fawr, a barhaodd bron hyd at 13,000 o flynyddoedd yn ôl. Gwelwyd cyfnodau o rewlifo a chyfnodau rhewlifol llai rhyngddynt. Ar ei fwyaf, symudodd y llen iâ i'r de cyn belled â thua Bannau Brycheiniog, ac roedd system rewlifol bwysig ym Môr Iwerddon hefyd. Roedd yr ardaloedd ymylol i gyd wedi'u rhewi'n ddwfn mewn golygfeydd twndra Siberaidd-debyg, ac roedd anifeiliaid megis mamothiaid, buail, ceirw, bleiddiaid ac ysgyfarnogod yr arctig yn byw yno.

Ffurfiwyd y cymoedd ffurf U dwfn megis cymoedd Nant Ffrancon a Nant Peris, ynghyd â nifer o gymoedd a chopaon ar draws Eryri a'r ardaloedd cyfagos i gyd, gan waith rhewlifoedd mawrion gogledd Cymru. Ffurfiwyd llawer o'r cribau dramatig gan rewfriwio yn yr hinsawdd rhewllyd hirfaith. Gydag amser, gadawyd yr holl gerrig a erydwyd gan y rhewlif ar ffurf llwybrau clogfeini dros lawer o'r tirwedd – a ffurfiwyd llawer o'n llynnoedd o ganlyniad i sgwrio dwfn gan iâ. A chymaint o ddŵr wedi'i ddal yn yr iâ, un nodwedd drawiadol o Oes yr Iâ oedd y ffaith i lefel y môr ddisgyn, tua 100 metr, hyd nes i'r môr o'n cwmpas ddiflannu. Trowyd Môr Iwerddon a Môr Hafren yn dir sych, ac roedd modd mynd yn union i Ewrop ar draws Môr Udd a Môr y Gogledd sych. Pan doddodd yr iâ o'r diwedd, llifodd y môr i mewn i'r ardaloedd hyn unwaith eto, gan foddi cymoedd arfor megis Solfach, moryd afon Hafren, Aberdaugleddau ac afon Menai, a rhoi ei ffurf i'n harfordir ninnau heddiw.

Ar y tir, cludai nentydd ac afonydd yn draenio o'r afonydd iâ oedd yn toddi, lawer iawn o weddillion creigiau a phridd ar draws y tirwedd gan orchuddio'r tir yn gyfan gwbl. Y gorchudd hwn sy'n ffurfio llawer o olygfeydd tonnog canolbarth Cymru, ac y mae iddo ran mor bwysig heddiw yn pennu patrymau llystyfiant ac amaeth.

Oddi ar Oes yr Iâ, daeth planhigion ac anifeiliaid tymheredd cynhesach i Gymru o'r de ac yn eu plith yr oedd dyn, a ddylanwadodd yn sylweddol ar ein tirwedd. Yn ystod y 10,000 o flynyddoedd diwethaf diflannodd llawer o'n fforestydd naturiol wrth i ddyn droi o fod yn heliwr-gasglwr at ddulliau byw ynghlwm wrth ffermio ac aneddiadau. O tua 2,000 CC ymlaen, dechreuodd pobl Oes yr Efydd – a phobl Oes yr Haearn yn ddiweddarach – sefydlu'r diwylliannau diwydiannol cyntaf a chodi bryngaerau a ddaeth yn nodweddion pwysig o'r tirlun. Yna daeth y Rhufeiniaid a'u caerau, eu gwersylloedd a'u rhwydwaith ffyrdd.

Tyfodd Cymru'n un genedl ar wahân wrth i'w harweinwyr rhanbarthol uno yn erbyn ymosodiadau gan y Sacsoniaid a'r Llychlynwyr. Cafodd ei goresgyn yn rhannol gan y Normaniaid wedi 1066 ac yna ei darostwng gan Edward 1 ar ddiwedd y 13eg ganrif. Mae ei gestyll yntau, ynghyd â rhai'r tywysogion Cymraeg a'r goresgynwyr Normanaidd, yn aros hyd heddiw yn nodweddu'n tirwedd mewn ffordd drawiadol. Mae enghreifftiau megis Caerffili, Carreg Cennen, Penfro, Harlech, Caernarfon, Dolwyddelan, Conwy a Dinas Brân yn dangos yn gryf mor ddibynnol oedd eu hadeiladwyr ar gyflenwadau o garreg leol wrth godi'r adeiladau godidog hyn.

Ac felly deuwn at chwyldro diwydiannol yr ychydig ganrifoedd diwethaf gydag effaith gweithgaredd dyn ar y tirlun mor amlwg weladwy bryd hyn â phrosesau'r 700 miliwn o flynyddoedd blaenorol. Mae'r datblygiadau aruthrol a welwyd yn y meysydd glo, ardaloedd y chwareli llechi yng ngogledd Cymru, rhwydweithiau'r ffyrdd a'r rheilffyrdd, adeiladu porthladdoedd o bwys, a thwf esbonyddol trefi a dinasoedd ond yn rhai o'r ffactorau sy'n dal i fod ar waith yn y broses o newid strwythur a diwylliant y wlad.

Ynghyd â'r newidiadau ffisegol a biolegol naturiol sy'n parhau i ddigwydd, bydd graddfa'r esblygu'n dal i gynyddu hyd yn oed mwy yn y dyfodol.

Yr Athro Michael G Bassett
Amgueddfeydd ac Orielau Cenedlaethol Cymru

Index

Mynegai

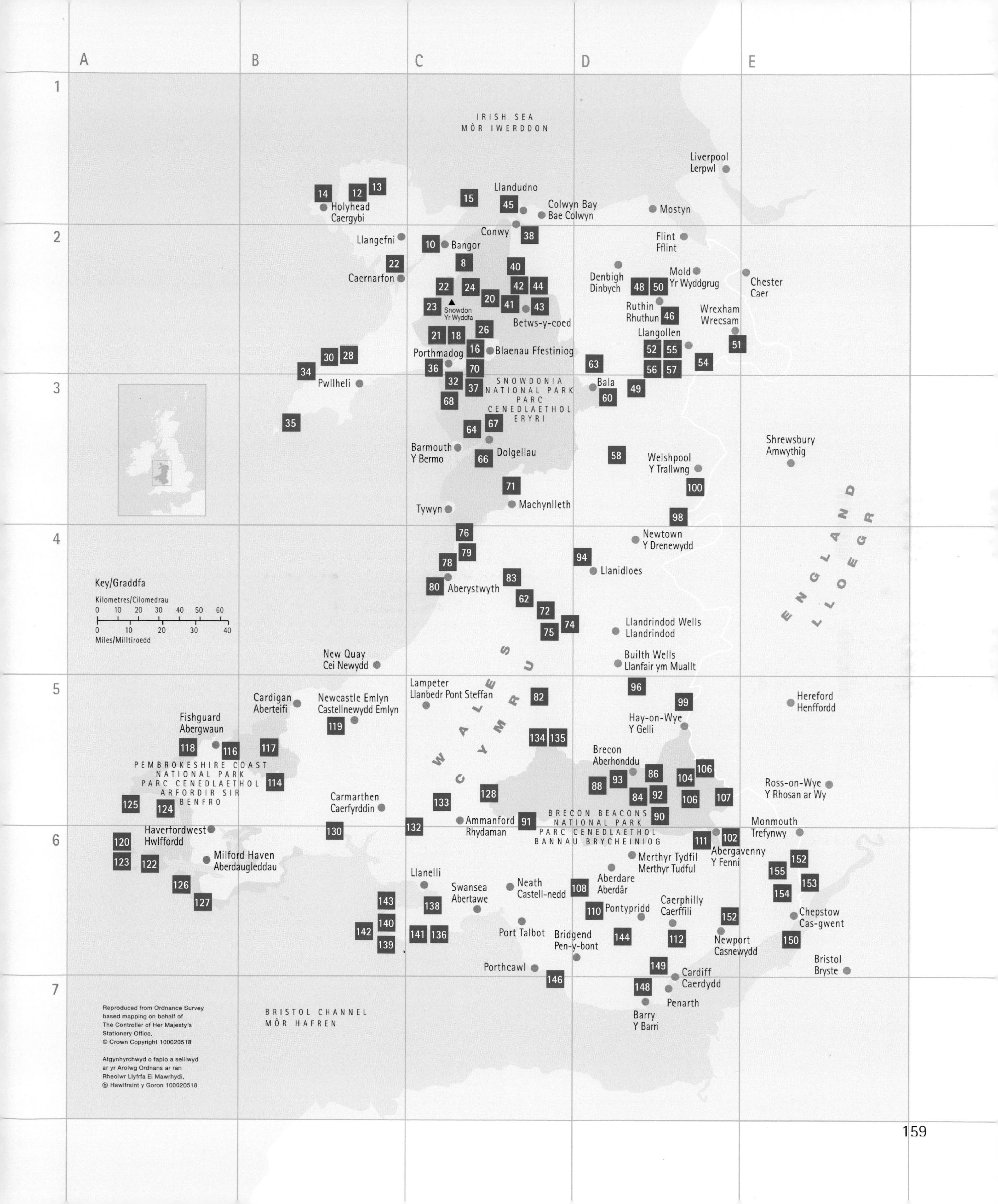

A
B
C
D
E
1
2
3
4
5
6
7
IRISH SEA
MÔR IWERDDON
Liverpool
Lerpwl
Llandudno
Colwyn Bay
Bae Colwyn
Mostyn
Holyhead
Caergybi
Conwy
Flint
Fflint
Llangefni
Bangor
Caernarfon
Denbigh
Dinbych
Mold
Yr Wyddgrug
Chester
Caer
Ruthin
Rhuthun
Wrexham
Wrecsam
Snowdon
Yr Wyddfa
Betws-y-coed
Llangollen
Porthmadog
Blaenau Ffestiniog
Pwllheli
Bala
SNOWDONIA
NATIONAL PARK
PARC
CENEDLAETHOL
ERYRI
Barmouth
Y Bermo
Dolgellau
Shrewsbury
Amwythig
Welshpool
Y Trallwng
Tywyn
Machynlleth
Newtown
Y Drenewydd
Llanidloes
Key/Graddfa
Kilometres/Cilomedrau
0 10 20 30 40 50 60
0 10 20 30 40
Miles/Milltiroedd
Aberystwyth
ENGLAND
LLOEGR
Llandrindod Wells
Llandrindod
New Quay
Cei Newydd
Builth Wells
Llanfair ym Muallt
WALES
CYMRU
Lampeter
Llanbedr Pont Steffan
Cardigan
Aberteifi
Newcastle Emlyn
Castellnewydd Emlyn
Hereford
Henffordd
Fishguard
Abergwaun
Hay-on-Wye
Y Gelli
Brecon
Aberhonddu
PEMBROKESHIRE COAST
NATIONAL PARK
PARC CENEDLAETHOL
ARFORDIR SIR
BENFRO
Ross-on-Wye
Y Rhosan ar Wy
Carmarthen
Caerfyrddin
BRECON BEACONS
NATIONAL PARK
PARC CENEDLAETHOL
BANNAU BRYCHEINIOG
Ammanford
Rhydaman
Monmouth
Trefynwy
Haverfordwest
Hwlffordd
Abergavenny
Y Fenni
Milford Haven
Aberdaugleddau
Merthyr Tydfil
Merthyr Tudful
Llanelli
Aberdare
Aberdâr
Swansea
Abertawe
Neath
Castell-nedd
Caerphilly
Caerffili
Pontypridd
Chepstow
Cas-gwent
Port Talbot
Bridgend
Pen-y-bont
Newport
Casnewydd
Porthcawl
Bristol
Bryste
Cardiff
Caerdydd
Penarth
Barry
Y Barri
BRISTOL CHANNEL
MÔR HAFREN
12 13 14 15 45 10 38 8 22 40 42 44 22 24 20 41 43 48 50 23 46 26 21 18 16 51 30 28 52 55 54 36 70 63 34 56 57 32 37 49 60 68 35 67 64 66 58 71 100 98 76 79 94 78 83 80 62 72 74 75 96 82 99 119 134 135 118 116 117 106 86 104 93 88 114 128 84 92 106 107 125 124 133 90 91 130 132 120 111 102 123 122 152 155 153 126 154 108 127 143 138 110 152 140 142 141 136 144 112 150 139 149 146 148
Reproduced from Ordnance Survey based mapping on behalf of The Controller of Her Majesty's Stationery Office, © Crown Copyright 100020518
Atgynhyrchwyd o fapio a seiliwyd ar yr Arolwg Ordnans ar ran Rheolwr Llyfrfa Ei Mawrhydi, © Hawlfraint y Goron 100020518

Wales – facts and figures

Wales is one of the ancient Celtic lands of western Europe. Its central landscape of hills, mountains and river valleys is bounded on three sides by fertile lowlands and a spectacular coastline - and on the fourth by the green shires of England.

The climate is temperate – the warm waters of the Gulf Stream moderate the weather, which is mild compared with other places at similar latitude.

The landscape contains a wealth of archaeological evidence telling the story of the people who have lived here since prehistoric times. Stone-age sites and monuments abound, especially in Anglesey and Pembrokeshire.

In 1997, the Welsh people voted for a measure of devolved government, separate from Parliament in London. Today, the National Assembly for Wales applies its powers to matters of education, health, transport, local government, culture and economic development within Wales.

The Welsh language, which evolved from the Celtic language spoken over much of Britain in pre-Saxon times, has official status alongside English. It is spoken by around half a million people, is taught in schools and studied in our universities, and supports a thriving culture. There are Welsh-language television and radio services – and our famous enthusiasm for music, literature and poetry reaches its peak each summer at the National Eisteddfod.

The Welsh economy benefits from a skilled workforce and an excellent education system. The traditional heavy industries, including coal and steel, have been superseded by science, technology and service industries. Leading-edge companies in information technology, energy, agriculture and biotechnology work in close association with the research departments of our universities.

Tourism and agriculture sustain many of the people who live in the places featured in this book. The upland areas support sheep farming and a wide range of leisure pursuits, while the rich soils of the lowlands and coastal plains tend to be given over to cattle or arable farming – along with gentler holiday activity. Visitors find the countryside and towns of Wales accessible, safe, friendly and fascinating.

On account of its incomparable landscape, welcoming inhabitants, first-rate education system, favourable economic climate and excellent communications, Wales is recognised as providing a quality of life which is second to none.

Population
2,903,100 – of whom 16% speak, read and write Welsh fluently, and 24% can understand the language.
Source – 2001 census, published 2003.

Area
20,640 square km – some 8,000 square miles.

About 60 per cent of our coastal waters are designated by the European Union as being of European importance in conservation terms.

Eleven per cent of our land surface is categorised as being of national importance for nature conservation.

Wales has over 1,000 Sites of Special Scientific Interest - and almost 25% of our land surface is either National Park or Area of Outstanding Natural Beauty.

Dimensions
Around 160 miles from north to south, between 50 and 120 miles from west to east.

Length of coastline
750 miles – more if you include every cove.

Highest mountain
Snowdon – at 1,085m, 3,560ft.

Castles
Wales has more castles, for its size, than anywhere else in Europe – there are more than 600, ranging from Edward I's imposing fortresses to modest earthworks and local defences.

Patron saint
St David – celebrated on 1 March.

National emblems
The Welsh Dragon, the leek and the daffodil are seen on flags, official crests, company logos and sports shirts all over Wales.

Cymru – ffeithiau a ffigurau

Mae Cymru'n perthyn i etifeddiaeth Geltaidd hynafol gorllewin Ewrop. Ar dair ochr i'w thirwedd mewnol o fryniau, mynyddoedd a dyffrynnoedd afonydd mae gwastadeddau ffrwythlon ac arfordir trawiadol odiaeth ac ar ei phedwaredd mae caeau irlas siroedd Lloegr.

Mae ei hinsawdd yn dymherus – bydd dyfroedd cynnes Llif y Gwlff yn mwyneiddio'i thywydd gan ei wneud yn dynerach na'r hyn a geir mewn mannau eraill ar ledredd tebyg.

Mae'r tirlun yn llawn tystiolaeth archeolegol sy'n adrodd hanes y bobl a fu'n byw yma oddi ar gyfnodau cynhanes a cheir llu o safleoedd a henebion o Oes y Cerrig, yn enwedig yn Sir Fôn a Sir Benfro.

Yn 1997, pleidleisodd y Cymry dros gael graddau o lywodraeth wedi'i datganoli, a fyddai'n gweithredu yn annibynnol ar y Senedd yn Llundain. Heddiw mae gan Gynulliad Cenedlaethol Cymru rymoedd mewn materion yn ymwneud ag addysg, iechyd, trafnidiaeth, llywodraeth leol, diwylliant a datblygiad economaidd yng Nghymru.

Mae gan yr iaith Gymraeg, a ddatblygodd o'r iaith Geltaidd a oedd yn iaith cyfran helaeth o drigolion Prydain cyn dyfodiad y Sacsoniaid, statws swyddogol cyfwerth â statws y Saesneg. Mae rhyw hanner miliwn o bobl yn siarad Cymraeg, fe'i dysgir yn ein hysgolion ac fe'i hastudir yn ein prifysgolion, ac mae'n cynnal diwylliant sy'n ffynnu. Ceir gwasanaethau radio a theledu yn Gymraeg – ac mae'n brwdfrydedd ni dros gerddoriaeth, llenyddiaeth a barddoniaeth yr ydym yn adnabyddus ymhobman amdano yn cyrraedd ei uchafbwynt bob haf yn yr Eisteddfod Genedlaethol.

Mae'r economi Gymreig yn elwa o fod â gweithlu medrus wrth law a chyfundrefn addysg ardderchog yn ei bwydo. Erbyn hyn mae diwydiannau gwyddonol a thechnolegol a diwydiannau gwasanaeth wedi dod i gymryd lle'r diwydiannau trwm traddodiadol megis glo a dur. Mae cwmnïau sydd ar y blaen ym myd technoleg gwybodaeth, ynni, amaeth a bio-thechnoleg yn cydweithio'n agos ag adrannau ymchwil ein prifysgolion.

Mae twristiaeth ac amaethyddiaeth yn rhoi bywoliaeth i lawer o'r rhai sy'n byw yn y mannau a welir yn y llyfr hwn. Mae'r ardaloedd uwchdirol yn cynnal ffermio defaid a rhychwant eang o weithgareddau hamdden, ac ar briddoedd da'r iseldiroedd a'r gwastadeddau arfor, cadw gwartheg neu ffermio âr yw'r duedd – ynghyd â gweithgareddau gwyliau llai egnïol. I'r ymwelydd, mae cefn gwlad a threfi Cymru'n hygyrch, yn ddiogel, yn gyfeillgar ac yn llawn atyniadau i ryfeddu atynt.

Oherwydd ei thirlun anghymarol, croeso ei thrigolion, ei chyfundrefn addysg o'r radd flaenaf, ei hinsawdd economaidd ffafriol a'i systemau cyfathrebu ardderchog, mae Cymru'n cael ei chydnabod yn fan sy'n cynnig ansawdd bywyd nad oes mo'i well yn unman.

Poblogaeth
2,903,100 – y mae 16% yn siarad, darllen ac ysgrifennu Cymraeg yn rhugl, a 24% yn gallu deall yr iaith.
Ffynhonnell – cyfrifiad 2001, cyhoeddwyd 2003.

Arwynebedd
20,640 km sgwâr – rhyw 8,000 o filltiroedd sgwâr.

Dynodir oddeutu 60 y cant o'n dyfroedd arfordirol gan yr Undeb Ewropeaidd fel rhai o bwysigrwydd rhyngwladol yng nghyswllt cadwraeth.

Dosbarthir un ar ddeg y cant o arwynebedd ein tir fel tir o bwysigrwydd cenedlaethol ar gyfer cadwraeth natur.

Mae gan Gymru dros 1,000 o Safleoedd o Ddiddordeb Gwyddonol Arbennig – ac mae bron i 25 y cant o arwynebedd ein tir naill ai'n Barc Cenedlaethol neu'n Ardal o Harddwch Naturiol Eithriadol.

Dimensiynau
Tua 160 o filltiroedd o'r de i'r gogledd, rhwng 50 a 120 o filltiroedd o'r gorllewin i'r dwyrain.

Hyd yr arfordir
750 milltir – mwy os ydych yn cynnwys pob bae.

Y mynydd uchaf
Yr Wyddfa – 1,085m, 3,560tr.

Cestyll
Mae mwy o gestyll yng Nghymru, o ystyried maint y wlad, nag yn unman arall yn Ewrop – mae mwy na 600 ohonynt, yn amrywio o gaerau mawreddog Edward I i wrthgloddiau ac amddiffynfeydd lleol.

Nawddsant
Dewi Sant – mae Dydd Gŵyl Dewi ar Fawrth 1.

Arwyddluniau cenedlaethol
Mae'r Ddraig Goch, y genhinen a'r genhinen Pedr i'w gweld ar faneri, arfluniau swyddogol, logo llawer cwmni a chrysau chwaraeon ymhobman yng Nghymru.

The Photographers
Y Ffotograffwyr

Aled Hughes
Andrew Davies
Andrew McCartney
Andrew Orchard
Andy Styole
Billy Stock
Brian Woods
Chris Colclough
Chris Gallagher
Chris Warren
David Angel
Dave Newbould
David Williams
David Woodfall
Derec Owen
Derek Rees
Duncan Miller
Geraint Wyn Jones
Graham Morley
Harry Williams
Janet and Colin Bord
Jeff Morgan
Jeremy Moore
John Kinsey
Kathy de Witt
Ken Dickinson
Ken Price
Neil Turner
Paul Kay
Pierino Algieri
Ray Wood
Rex Moreton
Rob Stratton
Steve Benbow
Steve Lewis
Steve Peake

For further details contact/Am fwy o fanylion cysylltwch â:
info@photolibrarywales.com
Tel/Ffôn +44(0)2920 890311